Werner Nachtigal
Der Alptraum des Teufels

Werner Nachtigal

Der Alptraum des Teufels

Eine neue Generation steht auf!

1. Auflage 2006

ISBN-10: 3-935703-77-5
ISBN-13: 978-3-935703-77-2
Bestellnummer 147377

Umschlaggestaltung: Klaus J. Frauenholz, D-Berlin
Satz/DTP: ASAPH, Jens Wirth, D-Lüdenscheid
Druck: Schönbach-Druck, D-Erzhausen

Printed in the EU

Für kostenlose Informationen über unser umfangreiches Lieferprogramm an christlicher Literatur, Musik und vielem mehr wenden Sie sich bitte an:

ASAPH, D-58478 Lüdenscheid
E-Mail: asaph@asaph.net – www.asaph.net

Inhalt

Vorwort von Reinhard Bonnke

Wenn von einem „Alptraum des Teufels“ gesprochen werden kann, dann sicher im Zusammenhang mit dem Dienst des Evangelisten.

Ich traf Werner Nachtigal vor einigen Jahren – wir hatten gerade eine wunderbare Evangelisation in Afrika, und Werner war auf dem Heimweg von seiner eigenen Evangelisation in Ghana.

Wir sind uns wieder 2003 in Berlin begegnet, wo Werner einige Tage vor der Pfingst-Europakonferenz im Waldparkstadion eine ganz großartige Evangelisation durchführte. Ich bin immer tief berührt, wenn Menschen nicht nur über Evangelisation diskutieren, sprechen oder schreiben – sondern es tun. Werner ist solch ein Mensch – dies ist es gerade, was sein Buch so authentisch sein lässt. Hier schreibt ein Mann nicht aufgrund eines theologischen Verständnisses, sondern aufgrund einer tief greifenden Leidenschaft für die Verlorenen.

Wenn wir von Kritikern gefragt werden, warum wir tun, was wir tun, und gegen jeden Widerstand ankämpfen, dann ist unsere einzige Antwort – die nächste Evangelisation.

Die Antwort auf jeden Angriff des Teufels kann nur eine

Evangelisation sein. Das Evangelium erfüllt sich, wenn wir es verkündigen.

Ich wünsche jedem Leser dieses Buches, dass er ebenso von dieser Leidenschaft ergriffen wird und so wie Werner Nachtigal einfach aufsteht und anfängt es zu tun – dann wird es auch erlebt!

Ich weiß nicht, wann ich Werner Nachtigal wieder einmal persönlich begegnen werde, doch eines weiß ich genau – wir werden uns gemeinsam über die Millionen Geretteter im Himmel freuen – darf ich dich auch dazu erwarten? Lass dich durch dieses Buch wirklich herausfordern, dem Teufel ein Alptraum zu werden.

Werner, für ein gerettetes Deutschland stehen wir gemeinsam für unseren Herrn!

Evangelist Reinhard Bonnke
Gründer und Leiter von *Christus für alle Nationen*

Einführung

Es war auf der *Passion*-Konferenz in Hannover. Drei Tage lang evangelisierten 200 Jugendliche und erlebten dabei erstaunliche Dinge. Ein junger Mann kam mit einer Wahrsagerin ins Gespräch. Er bemerkte, dass ihr Bein zum Teil gelähmt war, und fragte sie, ob er für ihr Bein beten dürfe, was sie bejahte. Danach war sie überwältigt und fragte ihn, welche übernatürlichen Kräfte er besitze, denn sie konnte wieder normal gehen. Ein Team, geleitet von einer 20-Jährigen, evangelisierte in einigen Bordellen. Völlig begeistert erzählten sie am nächsten Tag, dass eine Prostituierte, eine muslimische Bardame und ein Freier zum Glauben gekommen waren. Hunderte haben in diesen Tagen Jesus als ihren Herrn angenommen. Während der Konferenz riefen die Jugendlichen immer wieder: „Wir wollen raus!" Sie waren so entzündet und wollten ganz einfach die Botschaft der Liebe Gottes weitergeben.

Eine Woche später fand in denselben Räumen wieder der „normale" Gottesdienst statt. Der Pastor hatte eine Predigt zum Thema „Der Alptraum des Teufels" vorbereitet. Noch bevor er anfing zu predigen, riefen die Leute: „Wir wollen raus!" Als sie immer lauter riefen, brach er den Gottesdienst ab und die ganze Gemeinde ging in das Zentrum der Stadt und machte dort einfach weiter. Das Resultat war, dass Menschen zum Glauben kamen. Daraufhin bekam ich eine sehr interessante E-Mail von jemandem aus der Gemeinde. Er schrieb mir Folgendes: *Anstatt eine Botschaft zum Thema „Der Alptraum des Teufels" zu hören, wurden wir selbst zum Alptraum für den Teufel.*

Genau darum geht es in diesem Buch. Du sollst zum Alptraum für den Teufel werden. Statt dass du vor dem Teufel wegläufst, soll er vor dir fliehen. Schon morgens, wenn du aufstehst, soll er in Angst und Schrecken versetzt werden, weil du konsequent Gottes Reich baust. Du kannst so leben, wie die Jünger gelebt haben, denn Gott hat dir dieselbe Kraft zur Verfügung gestellt. Die Kraft des Heiligen Geistes macht es möglich, dass einfache Menschen Kranke heilen, Dämonen austreiben und entschlossen das Evangelium verkündigen. Es war ein Teenie, der einem todkranken Buddhisten das Evangelium verkündigt hat und ihm eine Bibel schenkte. Ein Teenie war der Auslöser zur Bekehrung des Pastors, der heute die größte Gemeinde der Welt leitet – Yonggi Cho. Auf einer evangelistischen Tour durch die Ukraine erlebten wir in einer kleineren Stadt etwas Erstaunliches: Eine ältere Dame in einem Rollstuhl wurde geheilt und tanzte vor Freude auf der Bühne. Sie lief Tage nach unserer Evangelisation als ein lebendiges Zeugnis durch die Stadt und die ganze Stadt sprach darüber. Das Ganze sprach sich sogar bis in das Gefängnis rum. Dort traf man die Entscheidung, die Häftlinge in die Gemeinde zu schicken. Wenn ihr Leben nach einem Monat verändert war, brauchten sie nicht wieder ins Gefängnis zurück.

Gott sind keine Grenzen gesetzt, ihm sind alle Dinge möglich. Wenn wir uns ihm total hingeben, werden wir seine Herrlichkeit erleben und werden zum Alptraum für den Teufel.

Jesus nachzufolgen bedeutet ein mutiges und entschiedenes Leben zu führen, trotz aller menschlicher

Schwachheit. In der Apostelgeschichte lesen wir: „Diese, die den Erdkreis aufgewiegelt haben, sind auch hierher gekommen.“ Die Apostel lebten kein braves, angepasstes Leben. Wo sie hinkamen, veränderten sie den Status quo und mischten ganze Städte auf. Sie erlebten dramatische Bekehrungen und Heilungen. Die Apostelgeschichte ist unser Vorbild und wir werden den Schlüssel für diese enormen Resultate herausfinden, so dass auch wir in unserem Leben Gott in außergewöhnlicher Weise dienen können. Mahatma Gandhi sagte einmal sinngemäß: „Als Erstes würde ich raten, dass die Christen alle miteinander anfangen müssen, wie Jesus zu leben. Wenn ihr im Geist eures Meisters zu uns kommen wolltet, könnten wir euch nicht widerstehen.“ Genau darum geht es, du kannst so leben, wie Jesus gelebt hat, erfüllt von seiner Liebe, seiner Kraft und seiner Autorität.

Noch immer gebraucht Gott einfache Menschen zu außergewöhnlichen Dingen. Er ist dabei, eine „neue Generation“ zuzurüsten. Diese neue Generation ist nicht am Alter zu erkennen, sondern an anderen Merkmalen:

- Sie lebt leidenschaftlich für Jesus.
- Sie ist authentisch, ehrlich und echt.
- Sie will heilig leben und ist dabei fröhlich und lebenslustig.
- Sie will Gottes Kraft und Vollmacht in ihrem Leben erleben.
- Sie verbreitet dynamisch das Evangelium.
- Sie scheut keine Opfer.

Auch du kannst zu dieser „neuen Generation“ gehören. Um es völlig klarzustellen – ich rede nicht nur von der jungen Generation. Auch unter den Jugendlichen gibt es zu viele mittelmäßige, laue Christen, die in zwei verschiedenen Welten leben. Ein junger Pastorensohn erzählte mir, dass er zwar am Sonntag in die Kirche gegangen sei, aber unter der Woche gekifft und nur Party gemacht habe. Nach einer machtvollen Begegnung mit Gott veränderte sich sein ganzes Leben. Heute lebt er ein leidenschaftliches Leben für Jesus und erlebt gewaltige Dinge mit Gott. In diesem Buch kommen auch einige dieser „neuen Generation" zu Wort.

Mir fiel einmal eine interessante Werbung in die Hände, eine Broschüre des bekannten Bungee-Jumpers Jochen Schweizer mit dem Titel *Genug geträumt, jetzt wird erlebt!* Dort bietet er an: eine Panzerfahrt bei Prag mit einem russischen Panzer. Du kannst Baumstämme überrollen und Autos niederwalzen – für 399 €. Oder: Für 79 € kannst du mit über 280 km/h in einem Ferrari-Cabrio Vollgas geben. Der Gipfel ist eine MIG 29, die startbereit in Moskau steht. Mit der kannst du für knapp 12.000 € doppelt so schnell wie der Schall durch den russischen Himmel krachen. Wahrscheinlich wirst du nie für diese Summe die MIG 29 fliegen oder den Panzer bei Prag fahren. Aber auch du kannst aufhören zu träumen und anfangen zu erleben. Indem du das tust, was Jesus uns aufgetragen hat, wirst du zum Alptraum des Teufels: Predigt das Evangelium, heilt die Kranken, weckt Tote auf …

Die Chance

Wir leben in einer faszinierenden Zeit. Nie waren die Chancen für eine Erweckung so groß wie heute. Seit dem 11. September 2001 ist die Unsicherheit in den Menschen so groß wie noch nie zuvor. Als viele in den 90ern von Erweckung sprachen, dachte ich oft, dass es ohne Erschütterung der westlichen Welt keine tief greifende Erweckung geben kann. Der Angriff auf das World Trade Center hat die ganze Welt erschüttert. Auf der anderen Seite spricht man seit einiger Zeit in Deutschland von einem Wertewandel. Die Generation der Achtundsechziger und ihre Werte sind völlig überholt. Die junge Generation ist auf der Suche nach Orientierung.

Das hat auch das Fernsehen seit einiger Zeit entdeckt. Das Erste Programm produzierte eine 45-minütige Sendung über „Jesus' junge Garde". Es war ein Bericht über *The Call* und die *Holy Revolution School* von Ben-Rainer Krause. Sie wurden ein Jahr lang von einem Kamerateam für die ARD begleitet. Da ich bei *The Call* involviert bin, durfte ich die Sendung noch vor der offiziellen Ausstrahlung mit einigen Journalisten sehen. Danach kam ich mit Tita von Hardenberg ins Gespräch. Ich war sehr erstaunt über ihre Aussagen.

Sie sagte, dass sie mit ihrer Sendung *Polylux* deutsche Jugendkultur beobachtet und ihr aufgefallen ist, dass die Jugend immer religiöser wird. Sie sprach sogar von

„Erweckungsbewegungen" und sagte, dass die Jugend sich nach strengeren Werten und Orientierung sehnt. Sie nimmt wahr, dass es eine große Bewegung hin zum Glauben gibt, und meint, dass dieser Trend kein kurzlebiger ist, sondern sehr groß werden wird.

Als sie das so erzählte, dachte ich, dass manch eine christliche Gemeinde nicht so optimistisch ist wie Tita von Hardenberg. Johannes B. Kerner erwähnte in seiner Talkshow, dass Menschen wie noch nie zuvor über den Glauben reden wollen. Diesen Trend stellt er seit einem Jahr fest. Auch Sabine Christiansen machte es zu einem Thema einer ihrer Sendungen. „Steht Deutschland vor einem religiösen Revival?", fragte sie ihre Gäste. Die *Frankfurter Allgemeine* behauptet: „Gott wird wieder wichtiger", die *Welt* kündigt eine Renaissance des Glaubens an und die *Zeit* titelt auf der ersten Seite: „Gott ist nicht tot".

Der Journalist Michael Naumann mutmaßte, dass ein fast entchristlichtes Deutschland voller Glaubenswillen sei, aber ohne erkennbares Ziel. Gott sei für viele Menschen „gesichtslos" geworden und schon lange kein Gegenüber im Gebet mehr. Immerhin glauben noch fast zwei Drittel der Deutschen an Gott, aber nur wenige davon beziehen sich auf die christliche Definition eines persönlichen Gottes. Die meisten suchen nach einem unverbindlichen, individuellen Glauben. Eins kann man jedenfalls feststellen: Hinter der diffusen Spiritualität, die einen großen Boom erlebt, versteckt sich eine echte Sehnsucht nach Gott!

Als Paulus nach Athen kam und ihre vielen Götter sah, entdeckte er einen leeren Altar, den die Athener „dem unbekannten Gott" gewidmet hatten. Wie viele beten in unserem Land einen „unbekannten Gott" an? Hat Paulus die Athener verurteilt und Gericht verkündigt? Im Gegenteil, er holte sie dort ab, wo sie waren – in ihrer Sehnsucht nach einer übernatürlichen Begegnung. Er stellte ihnen den „unbekannten Gott“ vor. Wir sollten die außergewöhnliche Chance nutzen, die wir in Deutschland haben, um wie Paulus hinzugehen und Menschen den „unbekannten Gott“ vorzustellen.

Menschen in unserem Land nehmen eine Entwicklung wahr, die unsere christliche Szene noch nicht bemerkt hat. Oft höre ich, wie schwer es sei, in Deutschland Menschen mit dem Evangelium zu erreichen. Wenn ich dann von den Wundern in unseren Evangelisationen in Indien oder Afrika erzähle, erlebe ich auf Pastorentreffen immer wieder etwas Originelles. Ein Pastor sagt dann: „Das geschieht leider nur in den Drittweltländern. Schade, dass solche Wunder bei uns nicht passieren.“ Als wenn es eine Sonderausgabe des Heiligen Geistes geben würde! Der eine wirkt in Afrika Zeichen und Wunder wie zu Zeiten der Apostelgeschichte und für Deutschland hat Gott einen intellektuellen Heiligen Geist ohne Kraft entworfen! Zum Glück gibt es nur einen Heiligen Geist, und zwar den, der Pfingsten ausgegossen wurde und der seitdem machtvolle Taten vollbringt.

Wenn ich höre, dass in Deutschland alles schwer ist und Gott keine Wunder tut, ist meine Antwort: Wir leben in einer neuen Zeit! Das möchte ich auch dir sagen. Gott tut völlig neue Dinge in Deutschland. Es gibt eine Generation, die offen für das Evangelium ist.

Hier drei Erlebnisse, die ich in der letzten Zeit machte:

Vor Kurzem predigte ich in Norddeutschland und betete für eine junge Frau, die mit 35 Jahren schon Frührente bezog. Sie litt seit Jahren unter extremen Schmerzen. Deshalb bekam sie neun Jahre lang Opiate verordnet. Sie hatte eine instabile Wirbelsäule, die in einer OP versteift worden war. Da die Platte zur Versteifung mit zu kleinen Schrauben fixiert worden war, begann sie zu wandern, was die Schmerzen noch verstärkte. Ihre Feinmotorik ging praktisch verloren. Durch die jahrelange Einnahme von Opiaten war sie nun davon abhängig. Bevor sie in diese Veranstaltung kam, war bereits mehrfach für Heilung gebetet worden und eigentlich hatte sie keine Lust mehr, die Veranstaltung zu besuchen. Auch zum Gebet mussten sie Freunde nach vorne „schubsen".

Seit diesem Gebet ist sie endlich schmerzfrei, kann Bewegungen ausführen, die ihr seit 17 Jahren unmöglich waren. Ihre Ärzte waren fassungslos. Die Opiate konnten auch abgesetzt werden. Da aber bereits eine Abhängigkeit von diesen Opiaten bestand, musste sie durch einen vierwöchigen Entzug gehen, den sie mit Gottes Hilfe überstanden hat. Auch ihr Krebsgeschwür war „einfach so" verschwunden! Ihr Arzt war völlig irritiert und konnte sich ihren Zustand nicht erklären.

Wenige Monate später durfte ich erleben, wie Gott eine weitere Frührentnerin heilte. Die alleinerziehende Marina litt seit Jahren unter schwerem Rheuma und einer Lebensmittelallergie. Seit 1997 war sie nicht mehr in der Lage, ihre Arme zu bewegen, in die Hocke zu gehen oder sich zu bücken. Sie konnte sich nur schwer bewegen und war aufgrund ihrer Erkrankung seit 2000 in Frührente. Sie konnte seitdem nur noch mühsam duschen, ein Bad in der Badewanne war unmöglich – sie kam weder rein noch raus. Gezeichnet von Krankheit und Schmerzen, kam sie in den Gottesdienst. Dort begegnete ihr Gott sehr machtvoll. Sie sah, wie Jesus vor ihr stand und sagte: „Ich helfe dir." So stand sie mit vielen anderen auf, um Gebet zu empfangen. Als ich im Anschluss die Leute aufforderte, etwas zu tun, was vorher nicht möglich war, fing Marina an zu weinen. Sie konnte es nicht fassen: Zum ersten Mal seit Jahren konnte sie ihre Arme bewegen und sich bücken. Im Anschluss an den Gottesdienst saß sie im Kirchen-Café. Noch völlig außer sich vor Freude, aß sie gedankenlos ein Stück Apfelkuchen. Dann bekam sie einen Schreck, denn noch vor Kurzem hätte man sofort den Notarzt für sie holen müssen. Jetzt war sie auch von ihrer Lebensmittelallergie geheilt. Wenige Tage später berichtete sie, dass sie wie eine 17-Jährige aus der Badewanne gesprungen sei. Sie fühlt sich jetzt wie ein neuer Mensch.

Mit einigen Freunden gehe ich regelmäßig auf die Straße, um das Evangelium zu verkündigen. Eines Abends überlegte ich, was wir dieses Mal machen könnten, um Menschen mit dem Evangelium zu erreichen. Es war sehr kalt. Mir kam die Idee, einige Kannen Tee zu kochen und ihn auf dem Straßenstrich an Prostituierte auszuschenken. Damit hatten wir einige Stunden zu tun und mittlerweile war auch mir sehr kalt. Da trafen wir auf eine junge Frau, die sichtlich überrascht war, dass wir Tee verteilten, und die Überraschung wurde noch größer, als wir ihr sagten, warum wir das taten. Daraufhin erzählte sie uns von einer Begebenheit, die gerade zwei Wochen zurücklag. Ein junger Mann hatte ihr auch von Jesus erzählt. Er sprach richtig prophetisch in ihr Leben, was sie verblüffte, denn die Details aus ihrem Leben hatte er nicht wissen können. Deshalb war sie total offen für das Evangelium und ich fragte sie, ob sie nicht ihr Leben Jesus geben wollte. Dann beteten wir mitten auf dem Strich und diese Frau gab ihr Leben Jesus.

Was dann geschah, war auch echt originell. Einige Leute hatten uns aus einem Restaurant heraus beobachtet. Als sie an uns vorbeigingen, um in ihr Auto einzusteigen, sagte eine Frau zu uns: „Jetzt habt ihr lang genug gequatscht, kommt zur Sache." Dabei waren wir sofort zur Sache gekommen, und zwar zur wichtigsten der Welt, dem Evangelium von Jesus Christus.

Natürlich passieren in Deutschland keine Wunder und es bekehren sich auch keine Menschen. Zumindest nicht, wenn wir in unserer Bequemlichkeit und Lauheit auf unserem christlichen Sofa sitzen und warten.

Ein Freund erzählte mir eine Geschichte aus einer großen Gemeinde, in der er vor Jahren Mitglied gewesen war. Ein Prophet sagte, dass in der Gemeinde an einem bestimmten Tag und zu einer bestimmten Zeit Erweckung ausbrechen würde. Die ganze Gemeinde hatte sich zu genau der Zeit versammelt. Der große Augenblick kam, alle warteten ganz gespannt, was passieren würde. Aber es passierte überhaupt nichts, was mich auch nicht wundert. Ich habe noch nie gehört, dass Erweckung einfach so vom Himmel fällt. Die Bibel verheißt etwas ganz anderes:

> *Jene aber gingen aus und predigten überall, während der Herr mitwirkte und das Wort durch die darauf folgenden Zeichen bestätigte. (Mk. 16,20)*

Hier sehen wir ganz eindeutig den Schlüssel für biblische Erweckung: Sie gingen hin und predigten überall. Durch Warten ist noch nie eine Erweckung entstanden. Auf einer großen Pastorenkonferenz musste ich schmunzeln. Ein bekannter Pastor erwähnte in seiner Predigt, dass er alle Schlüssel für Erweckung kenne. Dann zählte er sie alle auf – bis auf den wichtigsten. Diesen Schlüssel hat er einfach vergessen, und auch die meisten Christen vergessen genau diesen Schlüssel: Evangelisation. Eine Erweckung ohne Evangelisation hat es noch nie gegeben.

> *Stehe auf, werde Licht! Denn das Licht ist gekommen und die Herrlichkeit des Herrn ist über dir aufgegangen. (Jes. 60,1)*

Bist du bereit, aufzustehen und Licht zu sein? Bist du bereit, alles zu geben für den, der alles für dich gegeben hat? Bist du bereit, nach seinen Maßstäben zu leben und in deiner Generation einen Unterschied zu machen?

Eine neue Generation steht auf!

In diesem Kapitel möchte ich vier junge Leute vorstellen, die heute Gottes Geschichte schreiben. Sie erzählen ungeniert von der Liebe Gottes, sie beten nicht nur in der Gemeinde für Kranke, sondern auch auf ihrem Arbeitsplatz. Einer ist Andreas Wecker, der frühere Superstar der deutschen Turnerszene. Als er mit seinem Leben am Ende war, lernte er Jesus kennen und heute dient er ihm mit derselben Leidenschaft, mit der er früher geturnt hat. Er erringt keine olympischen Medaillen mehr. Dafür erlebt er, wie Menschen zum Glauben kommen und Kranke geheilt werden. Dann erzählt Beate, wie sie aus dem christlichen Getto ausbrach und das Evangelium verkündigt. Basti und Esbjörn berichten, wie Gott sie auf erstaunliche Weise gebraucht. Sie alle gehören zu der neuen Generation.

Andreas Wecker

Wir haben ein Telefoninterview mit Andreas Wecker, dem Star der deutschen Turnerszene, geführt. Er träumte schon im Alter von neun Jahren von olympischem Gold. Das war, als er von seinem Heimatverein in Magdeburg an die Sportschule Berlin wechselte. Ab 1980 gehörte er in seiner Altersklasse permanent der Spitze des Turnsports in Deutschland an (zunächst innerhalb der Grenzen der DDR). Andreas nahm im Laufe seiner Karriere viermal an den Olympischen Spielen teil und errang dabei einmal Gold, zweimal Silber und dreimal Bronze. Außerdem war er bei neun Welt- und fünf Europameisterschaften aktiver Teilnehmer. Auf nationaler Ebene wurde er 40-mal Deutscher Meister (und „Sportler des Jahres" in der DDR). „Das ist schon eine Landmarke, die ich da gesetzt habe", kommentiert er diese Zusammenfassung seines Sportlerlebens. „Das wird so schnell niemand nachmachen." Lassen wir ihn weiter zu Wort kommen …

Die Suche nach dem persönlichen Erfolg im Leistungssport war meine Art, mit den Hänseleien meiner Umgebung umzugehen. Aufgrund meiner Körpergröße war ich immer wieder dem Spott anderer ausgesetzt. Der Preis für diese frühen Erfolge war aber hoch. An sechs Tagen der Woche trainierte ich jeweils sechs Stunden. Und dann noch der Schulunterricht. Es gab für mich nur Klassenzimmer und Turnhalle. Spielen, Toben oder Freibad konnte ich vergessen.

Mit nur 18 Jahren hatte ich mich bereits für die Nationalmannschaft der DDR qualifiziert. In Seoul nahm ich 1988 zum ersten Mal an den Olympischen Spielen teil. Ich war damals der jüngste Olympiateilnehmer, ein Rekord, der erst bei den letzten Olympischen Spielen gebrochen wurde. Und gleich bei meinem internationalen Debüt gewannen wir mit der Mannschaft die Silbermedaille und ich war beim Reckfinale dabei. Meine Gefühle schwankten zwischen grenzenloser Begeisterung und totaler Überforderung. Als der Milchbubi, der ich damals war, überforderte mich das plötzliche Medieninteresse. Das hatte ich vorher so nicht erlebt. Bei den Europameisterschaften war nicht so viel los. Und in der DDR war es üblich, dass die

Fragen vorher abgesprochen waren. Außerdem war ich nicht sehr redegewandt und total schüchtern.

Ein gutes Jahr später, am 22. Oktober 1989, wurde ich dreimal Vizemeister bei der Weltmeisterschaft in Stuttgart. Nur wenige Tage vor dem Fall der Mauer! Von diesem Tag an begleitete mich auf internationaler Ebene der Nimbus des ‚ewigen Zweiten'. Bei diversen EMs und WMs wurde ich fünfzehnmal Vizemeister. 1995 hatte ich dann bei einer WM meinen internationalen Durchbruch. Endlich gewann ich einen Weltmeistertitel. Meine internationale Karriere konnte ich 1996 in Atlanta mit olympischem Gold am Reck krönen. Auf einmal war ich neun Meter groß, als ich dort oben auf dem Treppchen stand.

Bis 1997 hatte mit nur wenigen Verletzungen zu kämpfen. Glücklicherweise verliefen diese auch recht glimpflich. Doch in diesem Jahr verletzte ich mich zum ersten Mal so schwer, dass ich meinen Rücktritt vom Turnsport erklärte. Aber nur ein Jahr später fing ich mit meinem Sport wieder an. Das endgültige Ende meiner Karriere kam 2000, während der Olympischen Spiele in Sydney. Der Bizepsanker riss aus meiner Schulter und zwang mich zur Aufgabe.

In dieser schwierigen Situation fand ich keinen Halt, weder im Team noch bei Freunden. Und 2001 kam es dann besonders dick: Persönlich und finanziell kam der völlige Absturz.

Aus diesem Tief half mir meine jetzige Ehefrau heraus. Es waren zwar noch kleine Geldreserven vorhanden, doch saßen mir die Banken bereits im Nacken. Während meiner aktiven Zeit hatte ich verschiedene Lehren begonnen, doch nie zu Ende geführt. So hatte ich also keinen klassischen Beruf, auf den ich hätte zurückgreifen können. 2002 versuchte ich mich in verschiedenen Dingen, u. a. als Personal-Trainer in verschiedenen Städten Deutschlands. Der Erfolg blieb jedoch aus.

In mir war schon seit geraumer Zeit der Wunsch gewachsen, anderen Menschen helfen zu können. Gemeinsam mit meiner Frau überlegte ich, ein Wellness-Center zu eröffnen. In den ersten drei Monaten nach Geschäftseröffnung blieb ich jedoch in meinem Laden alleine. Kein Kunde ließ sich sehen. Heute weiß ich, dass ich zu diesem Zeitpunkt noch nicht einmal mir selber helfen konnte. Woher sollte ich also die Kraft nehmen, anderen helfen zu können?

Schließlich musste ich erkennen, dass ich mich völlig überfordert hatte. Hinzu kam eine über Jahre verschleppte Krankheit, die jetzt richtig ausbrach: Pfeiffer'sches Drüsenfieber. (Pfeiffer'sches Drüsenfieber ist eine Krankheit, die vor allem bei Leistungssportlern auftritt.) 2003 war mein schwarzes Jahr. Diese Krankheit, drohende Zwangsversteigerung, und der Strom wurde uns zweimal abgeschaltet. Zeitweise fehlte es sogar am Geld für Lebensmittel. Alles private Vermögen und sämtliche geborgten Gelder waren aufgebraucht. Zudem hatte sich ein riesiger Schuldenberg aufgetürmt. Die Gerichtsvollzieher kannte ich inzwischen beim Namen.

In der Zeit meiner Erfolge genoss ich das Leben. Fuhr teure Autos (z. B. einen 500 SE) und war total auf Geld fixiert. Auch in meiner jetzigen Krise hoffte ich, mich mit Geld freikaufen zu können. Ich gab jede Menge Geld für Lotto aus. Irrsinnigerweise nahm ich an, einmal gewinnen zu müssen! Und Anfang 2004 lernte ich noch sogenannte Geistheiler kennen. Plötzlich hatte ich die ganze Bude mit den größten Geistheilern Russlands voll. Quasi über Nacht rutschte ich immer mehr auf die esoterische Schiene. Doch anstatt Heilung oder Besserung der finanziellen Situation zu erleben, wurde meine Situation immer kritischer. Jedes Mal, wenn ich dachte, noch schlimmer könnte es nicht kommen, stürzte ich noch tiefer.

Im März 2004 spürte ich, dass ich eine Entscheidung

treffen musste. In den Wochen und Monaten davor hatte ich wieder und wieder an Selbstmord gedacht. Das Kartenhaus, das ich über mir aufgebaut hatte, brach zusammen. Meine Entscheidung war gefallen: Ich werde mich mit dem Auto umbringen. Mehrmals fuhr ich an der Stelle vorbei, die ich mir ausgesucht hatte. Dann war der Tag gekommen, an dem ich den Plan in die Tat umsetzen wollte. Ich schloss den Laden ab und fuhr los. Mit einer Geschwindigkeit von 200 km/h raste ich auf den Brückenpfeiler zu und wollte den Wagen gegen den Beton steuern. Doch die Lenkung versagte in diesem Moment ihren Dienst.

Auf dem erstbesten Parkplatz stieg ich aus und überprüfte die Lenkung: tadellos, völlig funktionstüchtig! Und urplötzlich spürte ich diesen totalen Frieden in mir und wusste nicht, woher der kam.

Den Begriff „Gott“ hatte ich natürlich schon gehört, konnte aber nichts damit anfangen. Doch in diesem Moment wünschte ich mir, mit Gott reden zu können, und rief: „Gott, wenn es dich gibt, komm in mein Leben.“ Einige Tage später saß ich wieder in meinem Laden. Ich hatte keinen Plan, wie es weitergehen sollte. Da kam ein älteres Pärchen herein. Die erzählten mir von Jesus.

Das war für mich ein Schlüsselerlebnis. Ich krempelte mein Leben völlig um. Ich kehrte um zu Gott!

Es ist ein völlig neues Lebensgefühl, ein Glück, das ich jetzt spüre. Selbst auf dem Höhepunkt meiner Karriere kannte ich so etwas nicht. Wir erleben jeden Tag neue Wunder. Jesus hat mich aus dem Chaos herausgeführt und mir einen so tiefen inneren Frieden geschenkt, wie ich ihn vorher nicht kannte.

Als Olympiasieger bist du auf dem Gipfel dessen angekommen, was du als Sportler erreichen kannst. Aber wenn du dich auf Gott einlässt, geht es immer weiter, kommt immer noch mehr.

Einige Wochen nach diesem aufwühlenden Telefoninterview treffen wir uns abends bei Andreas zu Hause. Er öffnet uns die Tür zu dem Haus am Wandlitzsee, in dessen oberer Wohnung er mit seiner Frau Antje und ihrer kleinen Tochter wohnt. Eine Atmosphäre der Liebe und des Friedens empfängt uns. Nur die kleine Tochter ist nicht begeistert. Muss sie ausgerechnet in dem Moment schlafen gehen, in dem es spannend wird? Doch aller Protest hilft nichts, es ist Schlafenszeit! Wir setzen uns an einen kleinen Tisch, von dem man bei Tageslicht direkt auf den See blicken kann. Bei einer Tasse Tee erfahren wir noch mehr von dem, was sich in Andreas' Leben ereignet hat, seit er mit und für Jesus lebt …

Bereits drei Monate nach meiner Umkehr zu Gott ging ich in den Missionseinsatz nach Spanien und Marokko. Von Anfang an war Heilung mein Thema. Ich selbst habe sie erfahren und wollte dieses Geschenk Gottes auch weitergeben. Es war und ist mein Wunsch, Glauben wirklich zu leben. Die Bibel ist schließlich voll von Heilungen, und es heißt, „legt den Kranken die Hände auf". Daran glaubte ich und fing an, für Kranke zu beten. Egal was war: Hände drauf! Egal wo ich war und bin, ob Europa oder Afrika, überall darf ich erleben, wie Gott heute noch heilt. Und es ist auch egal, wo im Körper sich diese Krankheit befindet. Herz, Rücken, Knie oder Augen, es ist egal.

Oft sind es diese „zufälligen" Ereignisse, die beeindrucken. So war ich beispielsweise beim Friseur. Eine Bekannte der Friseuse war da, sie erzählte von ihrem dreifachen Bandscheibenvorfall. Ich fragte, ob ich für sie beten dürfte. Innerhalb von dreißig Minuten konnte sie schmerzfrei tanzen! Sie hatte unter anderem eine schiefe Hüfte und während des Gebets wurde der dadurch entstandene Beinlängenunterschied ausgeglichen.

Dann war ich noch in Kalifornien. In Hollywood begegnete ich dem zweiten Produzenten von „Die Passion Christi". Er hatte eine schwere Entzündung in seinem Körper. Während des Gebets sagte er, dass Kälte durch seinen Körper liefe. Kälte ist ein Zeichen für Entzündungen, die verschwinden. Innerhalb von zwei Minuten hat er Heilung erfahren. Und: Er spürte die Liebe Gottes!

Du hast dich sehr schnell nach deiner Umkehr für so ein konsequentes Leben im Glauben entschieden.

Warum auch nicht? So wie ich früher für Olympia stand, stehe ich jetzt für Gott! Im Sport lernst du Gehorchen und Disziplin. Dies benutzt Gott jetzt, denn es ist wichtig in seiner Welt. Es hilft, standhaft zu bleiben, wenn dir der Wind ins Gesicht bläst. So gab und gibt es Stimmen von Familie und Freunden, die sagen, ich sei in einer Sekte gelandet. Der Sektenbeauftragte von Berlin wollte sogar Reporter dazu benutzen, „mich da rauszuholen".

Reporter ... Presse ... Die können es gar nicht fassen, welchen Frieden meine Familie und ich ausstrahlen. Viele Journalisten sind sehr berührt, wenn sie uns begegnen. Aus späteren Anrufen weiß ich, dass sie in den Redaktionen darüber sprechen. Denn es ist genau dieser Frieden, den die Welt sucht. Sie fragen uns: „Wie kann man solchen Frieden haben, wenn man solchen Angriffen ausgesetzt ist und in dieser ‚Armut' lebt?" Wir sind einfach frei von der „Tretmühle" dieser Welt. Ich denke, die Journalisten haben das gespürt. So ähnlich wie jener Reporter das Feuer Gottes spürte, als ich für ihn betete. „Woher wusstest du, dass ich an dieser Stelle Verspannungen habe?", fragte er.

Ich glaube daran, dass es eine Erweckung in der jungen Generation geben wird. Jetzt sind wir in einer Zeit der Rüstung. Manchen Aufbruch dürfen wir schon jetzt erleben:

In einer Schauspielschule hat es bereits eine Erweckung gegeben. Am Anfang waren da nur drei „lauwarme" Christen. Diese lernte ich in einem Bibelkreis kennen. Einer aus der Gruppe hatte eine „dämonisch besessene" Freundin. Ich fragte, ob wir für seine Freundin beten dürften. Während des Gebets für diese Freundin gab mir der Heilige Geist Themen, die ich über sie aussprach. (Ein halbes Jahr später gab sie in der Schauspielschule Zeugnis.) Die Schauspielschüler baten mich, in ihrer Schule zu beten.

Es kam tatsächlich zu diesem Gebet. Wir haben zunächst für die Schule und für Befreiung gebetet. Gott zeigte mir einige Esoteriker. Während des Gebets wurden sie vom Heiligen Geist berührt und fielen nacheinander zu Boden. Alles Okkulte und von Satan Besetzte wurde offengelegt. Die Betroffenen fingen an, am ganzen Körper zu zittern. Sogar der Leiter der Schule und dessen Stellvertreter bekehrten sich. Viele empfingen Heilung. Gott zeigte mir dann, dass ich für die drei „Lauwarmen" beten sollte. Wir haben für eine frische Beziehung mit Gott gebetet. Über Nacht wurden sie mit der Zungenrede gesegnet. Diese drei fingen dann an zu evangelisieren.

Jeden Morgen beten jetzt zehn von ihnen gemeinsam am Telefon. Sie bekommen prophetische Worte und beten diese durch. Außerdem haben sie einen Bibelkreis gegründet, der 30 Mitglieder hat. Eine weitere Schauspielschule hat sich inzwischen angeschlossen. Die Schüler wollen jetzt „reine" Filme drehen. Filme, die aus dem Heiligen Geist kommen. Alle brennen für Gott. Eine Frau, die aus Wien stammt, will nur noch für Gott singen. ... Es gibt einfach diese Sehnsucht nach Wahrheit und Reinheit in dieser Welt. Das offenbart sich in solchen Ereignissen.

Vorhin sprachen wir doch über „Zufälle". „Zufällig" hatte ich vor einigen Tagen eine Bekannte am Telefon. Vier Stunden habe ich ihr von Jesus erzählt. Gott gab mir immer mehr Worte für sie. … Und dann hat sich der Redakteur noch bei mir entschuldigt, der in dieser anderen großen Hauptstadtzeitung den Verriss über mich geschrieben hat. … Oh, ja. Ich begegnete noch einem Pastor, der seit 25 Jahren dafür betet, dass er die Wunder der Bibel erleben darf. Nachdem ich ihn zwei Stunden „evangelisiert" hatte, bat er mich, für ihn zu beten. Zwei Tage später erlebte er sein erstes Heilungswunder: Offene Beine wurden geheilt. Daraufhin hielt er die „Predigt seines Lebens". Die ganze Gemeinde ging auf die Knie und lachte und weinte.

Noch während unseres Gesprächs ruft der Politik-Redakteur der BILD AM SONNTAG an und möchte mit Andreas einen Termin vereinbaren. Wir können nur dafür beten, dass Gott auch in der Politik immer wichtiger wird. … Zum Schluss fragen wir Andreas noch, was seine persönliche Überzeugung ist, was tief in seinem Herzen liegt …

Ich glaube, es wird eine Generation kommen, die das Reich Gottes auf der Erde sehen wird. Es werden Wunder geschehen, wie sie die Bibel nicht beschreibt.

Beate Lemke und Esbjörn Gerking

Halb zehn an einem Samstagmorgen. Leicht übermüdet und doch hoch motiviert sitzen wir mit zwei jungen Menschen zusammen. In einer halben Stunde beginnt im Rahmen einer prophetischen Konferenz eine Veranstaltung speziell für Jugendliche. Dort werden beide aus ihrem Leben erzählen und davon, wie Gott sie verändert hat. Beide sind Mitarbeiter bei „Holy Revolution". Einer schon etwas länger, eine noch nicht ganz so lange.

Ladies first. Daher sprechen wir zuerst mit Beate. Sie ist 20 Jahre jung. Wenn man dieser jungen Frau mit ihren langen blonden Haaren einfach so auf der Straße begegnet, ist nicht zu erkennen, dass sie voller Leidenschaft anderen Menschen von Jesus Christus erzählt hat. Doch lassen wir sie selbst zu Wort kommen …

Ich bin in einem christlichen Elternhaus aufgewachsen. Doch Gott war für mich weit, sehr weit weg. Ich habe ihn verdrängt. Ein Grund dafür war vermutlich, wie ich Christen und Christ zu sein erlebt habe. Nach außen hübsch fromm tun, aber hinter den Kulissen … Wo war da die Frömmigkeit? Und auch sonst: Total uncool! Was für Laaaaangweiler! … Da bin ich lieber zum Sport gegangen oder habe auf Partys abgehangen. Später, etwa mit 16, jobbte ich auch in Boutiquen. Mein Selbstwertgefühl habe ich aus dem Ansehen und der Beliebtheit bei anderen Menschen gezogen.

Als dieses Ansehen und die Beliebtheit abnahm, verlor ich meinen Anker. Ich habe keinen Sinn mehr im Leben gesehen. Ich dachte: „Ich bin nichts wert!“ Ich bekam eine totale Todessehnsucht. Ich wollte wirklich sterben. Doch da war noch etwas in mir. Ich schrie auf einmal zu Gott: „Tu was! Verändere mein Leben, dann werde ich extrem für dich leben.“ Ich hatte dieses Versprechen und diesen Hilferuf abgegeben. Doch einige Wochen tat sich gar nichts. Nicht, bis ich in eine Gemeinde eingeladen wurde, die voll Feuer für Jesus war. Dort habe ich Gott endlich kennengelernt. Dieses Feuer wollte ich auch. Darum entschied ich mich neu, und ganz bewusst, für Jesus.

Diese Entscheidung brachte die totale Veränderung. Dinge, die mich vorher nicht interessierten, machte ich auf einmal gerne: Lobpreis und Bibel lesen. Ich begann die Prinzipien der Bibel in meinem Leben umzusetzen. In meiner Gemeinde engagierte ich mich in der Jugendarbeit.

Ich leitete sogar eine Jugendgruppe. Zu diesem Zeitpunkt war ich überzeugt, dass mein Ding die Gemeinde- und die Jugendarbeit sei. Evangelisation, das ist doch nur etwas für Profis. Dachte ich …

Ende Mai 2005 fuhr ich nach Hannover, um an der *Passion*-Konferenz teilzunehmen. Eigentlich wollte ich nur ganz normal teilnehmen. Doch die Leute von *Holy Revolution* drückten mir beim Straßeneinsatz die Leitung einer Gruppe aufs Auge. Ich bin da sozusagen hineingeschubst worden. Wir zogen durch die Stadt und haben den Menschen von Jesus erzählt. Zu meiner Überraschung haben sich viele der Angesprochenen bekehrt. Das war eine ganz neue Erfahrung. Mir wurde bewusst, Evangelisation *ist* mein Ding.

Später am Tag haben wir dann auf dem Hauptplatz von Hannover gepredigt und einen Aufruf zur Bekehrung gemacht. Doch niemand ist nach vorn gekommen. Ich war total gefrustet. Als ich so frustriert meine Gruppe einsammelte, führten sie mich zu einer Mutter mit ihrer Tochter, die am Rand des Platzes standen. Beide waren von der Predigt total getouched. Beide wollten unbedingt ihr Leben Jesus geben. „Geht das noch, oder sind wir zu spät dran?“, fragten sie. Wir sprachen mit ihnen ein Gebet und sie gaben Christus ihr Leben. Die Tochter trug zwei Hörgeräte. Daher beteten wir gleich noch für Heilung. Längere Zeit ist sie dann ohne die Hörgeräte ausgekommen.

An einem anderen Tag waren schon überall in der Stadt unsere Gruppen unterwegs. Wir hatten keine Idee, wohin wir gehen sollten. Mehr aus Spaß schlug jemand vor: „Gehen wir ins Rotlichtviertel.“ Ich fand die Idee ziemlich cool, also sind wir losgezogen. Dort angekommen, sind wir in eine „Bar“ reingegangen. Am Tresen stand eine muslimische Bardame. Von uns angesprochen, fragte sie: „Ist das nicht nur für Christen?“ Nach einem Gespräch entschied sie sich für Jesus. Bei anderen Mitgliedern meines Teams bekehrte sich noch eine der Prostituierten.

Tja, und jetzt bin ich quasi „vollzeitlich“ für Jesus unterwegs. Ich bin nun selber Mitarbeiterin bei *Holy Revolution*. Gestern Abend mussten wir mit einem aus unserem Team ins Krankenhaus in die Notaufnahme. Während der Wartezeit habe ich eine junge Muslimin auf ihre schönen Schuhe angesprochen. Sie fragte, was wir beruflich machen würden. Da konnte ich nur noch von Jesus und von *Holy Revolution* erzählen. Sie war total offen, daher habe ich sie zu diesem Gottesdienst heute eingeladen.

Für Gott zu arbeiten, für Gott zu werben ist einfacher, als man denkt. Sperr deine Gedanken nicht ein. Evangelisieren kann man jeden Tag. Es ist jedes Mal eine Überwindung. Am besten einmal täglich von Jesus erzählen.

Esbjörn ist knapp ein Jahr älter als Beate. Er hat schon einige Erfahrungen sammeln dürfen. Im Rahmen einer TV-Recherche über junge Christen in Deutschland begleitete ihn sogar einmal ein Kamera-Team der ARD. Wenn er einem so gegenübersitzt und an seiner Selters schlürft, käme man nicht auf die Idee, einen Kämpfer für Christus vor sich zu haben …

Gemeinsam mit meinen Eltern und meinen vier Brüdern wuchs ich in einer Baptistengemeinde auf. Ich nahm regelmäßig am Kindergottesdienst teil und fuhr auf diverse Freizeiten mit. Als sich meine Eltern scheiden ließen, stürzte uns das in eine heftige finanzielle Krise. Meine Mutter musste uns fünf Jungs irgendwie alleine durchbringen. Diese Situation begann meine Mutter zu überfordern. Sie wurde depressiv und tablettenabhängig. In dieser Zeit war ich sauer auf Gott. Ich erklärte ihm: „Bist du so, Gott? Dann will ich nichts mit dir zu tun haben!“

Als ich ungefähr 12 oder 13 Jahre alt war, bekam meine Mutter während eines Gottesdienstes ein prophetisches Wort. Dieses Wort berührte sie sehr stark und ein Heilungsprozess setzte bei ihr ein. Meine Brüder nahmen Jesus in ihr Leben auf, sie bekehrten sich.

Ich selbst fand aber keinen Zugang zu Gott. Ich beobachtete nur meine Mutter und meine Brüder. Eigentlich wollte ich auch das haben, was sie hatten: diesen persönlichen Frieden. Ich fühlte mich total minderwertig. War hyperaktiv, immer der Klassen-Assi. Dann flog ich auch noch von der Schule. Ich entwickelte einen gewaltigen Lebenshass und spielte mehr als einmal mit Selbstmordgedanken. Meine Mutter war verzweifelt, weil sie mir nicht helfen konnte.

Ich fing an zu kiffen und zog regelmäßig „an der Tüte". Bereits mit 13 machte ich erste sexuelle Erfahrungen, auch homosexuelle. In meiner Verzweiflung schrie ich auf dem Teppich liegend zu Gott, doch es geschah absolut nichts. Nur immer wenn Leute von Jesus erzählten, spürte ich so einen enormen Sog. Eines Nachts hatte ich dann zwei Träume, einer davon war ziemlich crazy. In dem ersten Traum sprach Gott zu mir. Er sagte: „Sei dabei!" In dem anderen Traum fuhr ich in einem Cadillac durch meinen Heimatort und erzählte den Menschen von Jesus. Als ich wach wurde, war da dieser Bekehrungswunsch in mir, der mir keine Ruhe ließ.

Ich wurde zu einem Jugendtreffen eingeladen und ging mit. Diese strahlenden Augen, die mich während der Anbetung umgaben! Das war etwas, was ich auch haben wollte. Und ich spürte diese extreme Vaterliebe, die von Gott ausging. Ich begann in der Bibel zu lesen. Als Erstes schlug ich das Buch der Offenbarung auf. Was ich da im siebten Kapitel las, wollte ich auch erleben: *„Danach sah ich eine große Menge Menschen, so viele, dass niemand sie zählen konnte. Es waren Menschen aus allen Nationen, Stämmen,*

Völkern und Sprachen. Sie standen in weißen Kleidern vor dem Thron und dem Lamm und hielten Palmzweige in den Händen. Mit lauter Stimme riefen sie: ‚Der Sieg gehört unserem Gott, der auf dem Thron sitzt, und dem Lamm!'"

Jedes Wort, das in der Bibel stand, wollte ich erleben. Ich arbeitete in der Gemeinde mit, doch ich fühlte mich stark zu Nichtchristen hingezogen. Und so bin ich immer wieder auf Partys gegangen, um dort von Jesus zu erzählen.

Ich spürte, von Jesus zu erzählen, das ist mein Ding! Das Geniale ist ja, dass der Heilige Geist immer wieder Situationen schafft, Situationen, in denen ich genau das tun kann. Einmal saß ich in der U-Bahn. Da kam ein Junge herein, der eine Straßenzeitung verkaufen wollte. Ich betete für eine Gelegenheit, diesen Jungen anzusprechen. Schließlich konnte ich mit ihm reden, und der Heilige Geist gab mir prophetische Worte, die ich über sein Leben aussprach. Dieser Junge bekam eine neue Hoffnung für sein Leben. An meiner Schule habe ich zusammen mit meinen Brüdern einen Schülergebetskreis gegründet. Innerhalb weniger Wochen fanden 22 Schüler ihren Weg zu Jesus Christus. In dieser Zeit feierte ich meinen sechzehnten Geburtstag.

Im Heiligen Geist kann ich einen Unterschied in meiner Umgebung machen. Auch indem ich verrückte Dinge mache. Zum Beispiel sind wir zu McDonalds rein und haben Lieder von Jesus gesungen. Die Normalbürger blieben davon unbeeindruckt, doch einige Punks sagten: „Zeig uns deinen Jesus!" Wir haben ihnen die Hände aufgelegt und für sie gebetet. Verschiedene haben sich bekehrt. Ein anderes Mal wurde ich von einem Typ auf meine Vergangenheit angesprochen. Ich kannte ihn nicht, doch er sagte: „Ich weiß, wo du herkommst!" Dieser Kerl musste irgendwie dämonisch besetzt sein. Ist ja eine beliebte Taktik des Feindes, uns mit unserer Vergangenheit zu konfrontieren. Doch mit Jesu Hilfe hatte ich diese ja überwunden. So betete ich 45 Minuten lang ein Befreiungsgebet für diesen Typ.

Während der *Passion*-Konferenz in Hannover inszenierten wir auf der Straße eine Talkshow, in die wir auch Nichtchristen einbezogen. Nach dieser Diskussionsrunde konnten die Nichtchristen nicht anders, als die Realität Gottes anzuerkennen. Rundum gab es Bekehrungen.

Wir leben in der Realität Gottes. Jeder kann das erleben. Doch mein Eindruck ist, dass sich Gott manchmal mit uns langweilt. Wir wollen nur mit ihm kuscheln, anstatt etwas zu bewegen. Damit können wir überall anfangen: in unserer Schule, an unserem Ausbildungsplatz, im Studium, auf den Straßen unserer Stadt. Überall!

Bastian Decker

Gerade ist der Gottesdienst vorbei. Thema des Abends war: „Der Sinn des Lebens". Bastian, genannt Basti, macht es sich in einer Sitzgruppe gemütlich. Auf der Bühne der Jugendkirche hatte er kurz von dem erzählt, was für ihn der Sinn des Lebens war und heute ist. Doch jetzt wollen wir es etwas genauer wissen. Basti fängt an zu erzählen …

Bevor ich Jesus kennenlernte, träumte ich von einer Karriere als Schauspieler. Ich wollte an der Seite Till Schweigers Filme drehen und bei Premieren den Zuschauern zuwinkend über den roten Teppich flanieren. Dieser Floh hatte sich in meinem Ohr nach einigen Theateraufführungen in der Schule eingenistet. Neben der Schauspielerei interessierten mich Partys, Freunde treffen und fleißig feiern. Meine Party-Leidenschaft war *Long Island Ice Tea*, ein ziemlich starker Cocktail. Da ich schon immer ein höflicher Mensch war, hatte ich viele Freunde und Bekannte, die mich mochten. Für mich bestand der Sinn des Lebens darin, mich selbst zu verherrlichen. Aus tiefster Überzeugung konnte ich sagen: „Mir geht es gut!"

Es gab dann eine Zeit, da ging es meiner Mutter nicht so gut. Sie hatte sich den Arm gebrochen. Dieser Bruch war so ungünstig, dass der Arm und die Schulter dadurch permanent in der Beweglichkeit eingeschränkt bleiben würden. Jede Bewegung war mit Schmerzen verbunden. Meine Mutter bat mich nach einer dringend notwendigen Operation am Arm, sie zu einem Heilungsgottesdienst zu fahren. Für mich war das völliger Quatsch. Doch weil es ihr Wunsch war und ich meine Mutter wirklich lieb habe, fuhr ich sie hin und setzte mich mit in den Gottesdienst. Schließlich wollte ich nicht stundenlang im Auto warten. Während der Veranstaltung wurde dann für meine Mutter gebetet. Im selben Augenblick konnte sie ihren Arm wieder vollständig bewegen und hatte dabei kaum noch Schmerzen.

Dieses Ereignis ließ mich darüber nachdenken, ob es da noch etwas anderes für mich gibt als den „berühmten Schauspieler" Bastian Decker. Schließlich habe ich mich dazu entschieden, Jesus Christus als meinen Erlöser anzunehmen. Ich wollte IHN kennenlernen.

Im ersten Jahr nach diesem Entschluss blieb ich jedoch ein U-Boot-Christ. Nur gelegentlich tauchte ich zum sonntäglichen Gottesdienst auf ... Wenn ich nicht gerade zu müde und zu spät von der letzten Samstag-Nacht-Party nach Hause gekommen war. Doch ich glaubte an IHN. Mein Lebensstil hatte sich durch diese Entscheidung nicht wirklich verändert. Feiern war mir noch wichtiger als Gott. Ich nahm zwar an Theaterproben in unserer Jugendkirche teil, doch bevor der Gottesdienst anfing, verschwand ich zur nächsten Party und zum nächsten *Long Island Ice Tea*.

In dieser Zeit hatte ich mir einen Bänderriss am rechten Knöchel zugezogen. Ich ließ für mich beten und konnte bereits drei Wochen später wieder Snowboard fahren. Dies ist für einen Bänderriss sehr ungewöhnlich.

Dann kam der für mich entscheidende Abend. In unserer Jugendkirche war ein amerikanischer Prediger zu Gast. Er hatte für meine Mutter unter anderem dieses prophetische Wort: „Deine Kinder werden auf der Straße für Kranke beten. Und die Kranken werden geheilt." Zum Ende des Gottesdienstes dreht er sich zu mir und sagt: „Du musst radikaler für Jesus leben und du wirst die Herrlichkeit Gottes erleben!" Diese direkte Ansage legte in mir einen Schalter um. ... Das war im Januar 2004.

Die erste sichtbare Veränderung war, dass ich regelmäßig sonntags zum Gottesdienst ging. Auch wenn es am Abend davor sehr spät geworden war. Dies steigerte sich dann recht schnell dahin, dass ich jeden Freitag in unserer Jugendkirche am Gottesdienst teilnahm und sonntags zum Gottesdienst in unserer Gemeinde ging. Einige Monate später wurde dann eine für August geplante Missions- und Evangelisationsreise in die Ukraine angekündigt. Ich wusste, da muss ich mit! Allerdings fehlte mir das notwendige Geld für die Reisekosten. Ich betete darüber und fand eines Tages kurz vor Ende des Gottesdienstes in unserer Jugendkirche auf meinem Stuhl einen Umschlag mit den fehlenden 100 Euro. Bis heute weiß ich nicht, woher das Geld kommt. Ich konnte nur Gott dafür danken.

Noch vor dieser Reise begann ich für Kranke zu beten. Doch in der Ukraine wechselte ich auf die Überholspur. Die Dinge, von denen ich bisher nur in der Bibel gelesen hatte, erlebte ich jetzt: Zeichen und Wunder! Ein Beispiel von vielen war eine junge Frau mit einem gebrochenen Fuß. Durch das Gebet wurde ihr Fuß vollständig geheilt. Sie konnte anschließend beschwerdefrei laufen. Während dieser Reise erlebte ich alles, was man mit Gott erleben kann. Auch das, was mir der amerikanische Prediger schon im Januar prophezeit hatte: Ich betete für Menschen auf der Straße und sie wurden von Gott geheilt. Diese Erlebnisse haben mich völlig verändert, es gab für mich nur eine Entscheidung: Einen klaren Weg mit Jesus zu gehen!

Zurück in Deutschland wollte ich das Gleiche auch erleben. Ich fing sogar am Arbeitsplatz an für Kranke zu beten. Dafür erntete ich ziemlich schlimme Kritik von verschiedenen Freunden. Sie sagten: „Du bist doch nicht Gott!“ Ich ließ mich durch diese Kritik aber nicht von meinem Weg abbringen. So betete ich für einen anderen Auszubildenden, der sich schon lange mit einem kranken Rücken plagte. Auch im Sitzen hatte er üble Rückenschmerzen. Durch einen Beckenschiefstand hatte er eine Beinlängendifferenz von ein bis zwei Zentimetern. Nach dem Gebet war das Becken gerade, die Beinlängen ausgeglichen und die Schmerzen verschwunden. Er konnte es nicht fassen und musste einfach nur noch lachen!

Außergewöhnlich war auch ein anderes Erlebnis in unserer Jugendkirche. Eine ältere Dame war zu Gast. Ihre Beine hatten eine Längendifferenz von circa drei Zentimetern. Während des Gebets konnte man richtig sehen, wie sich der Längenunterschied ausglich.

Auch heute gehe ich noch gerne auf Partys. Nicht um im *Long Island Ice Tea* zu ertrinken, sondern um unter Menschen zu sein und ein gutes Gespräch über Gott und Jesus zu führen.

(Wir danken Ralf Kühne, der für diese Zeugnisse recherchiert und die Interviews geführt hat.)

Die „neue“ Generation erlebt die „alte“ Kraft

Wir brauchen heute mehr als nur einige neue Methoden und Konzepte. Wir brauchen Gottes Kraft. Gottes Wort hat immer noch dieselbe Kraft wie vor 2000 Jahren. Ein junger Mann kam einmal zum Evangelisten Reinhard Bonnke und sagte ihm, dass Gottes Wort heute völlig irrelevant sei und keine Kraft mehr habe. Bonnkes Antwort war sehr einfach. Er sagte, der junge Mann solle sich die Sonne ansehen, sie sei schon viel älter als 2000 Jahre. Aber er habe noch nie jemand sagen hören: „Mir ist kalt, denn die Sonne ist zu alt.“ Genauso hat auch Gottes Wort immer noch dieselbe Kraft.

In der Apostelgeschichte lesen wir, wie die Jünger noch kurz vor der Kreuzigung Jesus verraten und verlassen haben. Aber bald danach verkündigten sie Gottes Wort in Vollmacht und Kraft und erlebten gewaltige Dinge. Die Bibel glorifiziert nicht das Leben der Jünger und stellt sie als „Superhelden“ hin. Sie werden auch nicht als besondere „Heilige“ erhoben. Petrus & Co. waren einfache Menschen, die alles aufgaben, um Jesus nachzufolgen. Sie besaßen keine besonderen Talente, kein gewaltiges Charisma und hatten erst recht keine neuartigen Methoden. Auch ihre Fehler werden nicht verschwiegen. Offen wird vom Streit zwischen Paulus und Barnabas berichtet. Petrus schreibt in seinem Brief, dass er zum Teil gar nicht checkt, was Paulus so von sich gibt. Es waren völlig gewöhnliche Menschen wie du und ich. Dass sie so mächtig von Gott gebraucht wurden, lag nicht an ihrem Studium, ihren Titeln oder ihrer Herkunft. Paulus macht das im Brief an die Philipper ganz deutlich: „Ja wirklich, ich achte alles für Verlust um der unübertrefflichen Größe der Erkenntnis Jesu Christi, meines Herrn, willen, um dessentwillen ich alles eingebüßt habe und es für Dreck achte, damit ich Christus gewinne." In einer anderen Übersetzung steht statt „Dreck" „Kot"! Seine Ausbildung, seine Herkunft, sein Stand, alles war für ihn nichts im Vergleich zur unübertrefflichen Größe der Erkenntnis Jesu Christi. Wenn uns Jesus wichtiger ist als alles andere, werden wir Gottes Kraft erleben. Wenn uns aber Ansehen bei Menschen, Titel oder Ehre wichtiger sind, ist ziemlich schnell die Luft raus.

Gott und nicht ein Mensch wird in der Apostelgeschichte verherrlicht. Er ist der entscheidende Faktor. Im 14. Kapitel lesen wir, wie Paulus einen gelähmten Mann heilte. Die Volksmengen waren außer sich und sagten: Die Götter sind den Menschen gleich geworden und zu uns herabgekommen. Daraufhin zerrissen Paulus und Barnabas ihre Kleider und sie wiesen auf den lebendigen Gott hin, weil sie wussten, dass diese gewaltige Kraft, die sie erlebten, von ihm kam. Es gibt mehrere Schlüssel, die diese Apostel kannten. Jeder von uns kann auch heute diese Dinge erleben. Wir können Bücher von großen Männern Gottes wie Benny Hinn, Charles Finney, Rick Warren oder Bill Hybels und vielen anderen lesen, die genial sind und uns weiterbringen können. Aber die Apostelgeschichte ist unser Vorbild. Hier ist der Maßstab für uns, der uns zeigt, wie Christsein aussieht. Hier wurden Menschen zum ersten Mal Christen genannt. Nicht weil sie zu einer christlichen Organisation gehörten, sondern weil sie wie Christus waren. Sie handelten wie er, vollbrachten dieselben Wunder wie er, es war fast, als wenn Jesus selbst da gewesen wäre.

Wenn du heute einen Computer mit dem Aufdruck „Intel® Inside“ kaufst, kannst du dir sicher sein, dass ein Prozessor von Intel drin ist. Aber kann man sich sicher sein, dass da, wo „christlich“ draufsteht, auch Christus drin ist? Du trägst ein Armband mit der Aufschrift „WWJD“ (*What Would Jesus Do?*), gehst in eine christliche Jugendgruppe und hörst christliche Musik – aber ob wirklich Christus in deinem Leben ist, das sieht man nicht an solchen Dingen. Sind wir im Vergleich zu diesen Männern Gottes nicht viel zu harmlos? Haben wir uns nicht an ein Christsein gewöhnt, das eher mittelmäßig, bequem und einfach nur nett ist? Vor einiger Zeit hatte ich ein Gespräch mit einem Bibelschüler. Er erzählte von seinen Plänen, dass er in einem Praktikum im Anschluss an seine Bibelschulzeit Stundenpläne schreiben will und auch mal bei einem Seelsorgegespräch zuhören darf. Wie revolutionär!

Was war es also, was die Männer der Apostelgeschichte so besonders machte? Wir müssen das Geheimnis ihres Lebens herausfinden, denn wir haben ein Problem: Petrus ist gestorben, Jakobus und Paulus auch. Keiner von ihnen ist übergeblieben, nur du bist hier. Aber ich habe eine gute Nachricht für dich: *Du kannst heute so leben wie Petrus und Paulus damals!*

Gib dich nie zufrieden, bis dein Leben dem der Apostel gleicht, dein Lebensstil wie der von Petrus oder Philippus aussieht. Gott hat sich nicht verändert. Seine Kraft und seine Möglichkeiten sind immer noch dieselben.

Sie predigten unter der Salbung des Heiligen Geistes, Massen wurden errettet, Kranke wurden geheilt und Tote auferweckt. Sie übten Autorität aus, indem sie im Namen Jesu Kranke heilten und Dämonen austrieben.

In den folgenden Kapiteln wollen wir uns die wichtigsten Schlüssel ansehen, warum die Apostel so erfolgreich waren. Wenn wir die Resultate der Apostel in unserem Leben haben wollen, müssen wir uns ansehen, was sie so erfolgreich gemacht hat. Die folgenden Schlüssel sind mir aufgefallen:

- Sie blieben im Wort Gottes.
- Sie kannten die Autorität im Namen Jesu.
- Sie evangelisierten dynamisch und mutig.
- Sie heilten die Kranken.

Gottes Wort

Einer der Schlüssel der Kraft und Vollmacht der Apostel war, dass sie beständig im Wort Gottes blieben. Um Gottes Kraft und seine Herrlichkeit zu erleben, ist das Wort Gottes sehr wichtig.

Sie verharrten aber in der Lehre der Apostel. (Apg. 2,42)

Beständig blieben sie im Wort Gottes.

Sie waren ungelehrte, gewöhnliche Männer, sie waren Tischler und Fischer usw. Doch ihr Dienst war so erfolgreich, weil sie erkannten, welch eine Kraft das Wort Gottes hat. Sie studierten das Wort, sie lebten und predigten es und überzeugten sogar die „professionellen Geistlichen". Die Pharisäer hatten die Schriften jahrelang studiert, aber Gottes Wort hat wahrscheinlich nur ihren Verstand, aber nicht ihr Herz erreicht. Wir brauchen heute mehr als komplizierte Theologie. Wir brauchen Männer und Frauen, die erfüllt sind vom Wort Gottes, es glauben und es mit Vollmacht verkündigen.

Jesus kannte die Schrift. Als er nach seiner Taufe vom Geist in die Wüste geführt wurde und der Teufel kam, um ihn zu versuchen, war er siegreich. Natürlich, er war der Sohn Gottes, wirst du denken. Wenn wir uns die Geschichte in Lukas 4 ansehen, werden wir Satans Strategie der

Zerstörung erkennen. Aber wir werden auch geistliche Prinzipien entdecken, die auch wir anwenden können, um den Sieg in unserem Leben zu erleben.

Die große Versuchung und der heilige Widerstand

Lukas 4,1-13: Jesus ging, erfüllt vom Heiligen Geist, in die Wüste. Hier wird er dreimal vom Satan versucht, widersteht ihm aber, so dass der fliehen muss. Er wird auch vor dir fliehen, wenn du dieselben geistlichen Prinzipien anwendest.

Er versucht Jesus in drei Bereichen:

1. Er stellt seinen Status als Sohn Gottes infrage.
2. Er verspricht ihm gewaltigen Reichtum.
3. Er würde am liebsten sein Leben zerstören.

Zuerst sagte der Teufel zu Jesus: „Wenn du Gottes Sohn bist …“ Er stellt infrage, dass Jesus der Sohn Gottes ist. Er wird auch deinen Status infrage stellen. Gott hat dich berufen, sein Kind zu sein und die Ewigkeit bei ihm zu verbringen. Außerdem hat Gott eine einzigartige Berufung für dein Leben. Der Teufel wird auch deinen Status als Kind Gottes und deinen Dienst infrage stellen. Wer bist du schon? Du sollst ein Leiter, ein Evangelist, ein Lobpreisleiter oder ein Prophet sein?! Du sollst zur „neuen Generation“ gehören, mit Gott Geschichte schreiben und Kranke heilen? Komm mal wieder auf den Teppich, wird er dir sagen. Er hat kistenweise Ablehnung, Angst, Minderwertigkeit und Hoffnungslosigkeit für dich.

Wie hat Jesus ihm widerstanden? *Es steht geschrieben!* Nicht vom Brot allein soll der Mensch leben, sondern von jedem Wort Gottes. Auch du kannst so dem Teufel widerstehen – durch Gottes Wort! So wirst du zum Alptraum für ihn!

Petrus schreibt in seinem zweiten Brief: „Darum Brüder, befleißigt euch umso mehr, eure Berufung und Erwählung festzumachen, denn wenn ihr diese Dinge tut, werdet ihr niemals straucheln.“ Mache deine Berufung vor Gott fest und lass dich nicht irritieren. Die Verheißung ist: Wenn wir unsere Berufung festmachen, werden wir niemals straucheln!

Dann versuchte er, Jesus mit Reichtum zu verführen. Satan versprach ihm Macht über alle Reiche des Erdkreises. Ist das nicht originell? Ihm, der das Universum erschaffen hat, dem alles gehört und dem alle Macht gegeben ist – auf so billige Weise wollte er ihn verführen.

Er wird auch dich versuchen zu verführen. So wie Esau sein Erstlingsrecht für ein paar Linsen verkaufte, geben immer wieder Menschen ihre hohe Berufung von Gott für etwas „Billiges“ her. Wie viele leben nur für irdische Dinge und verpassen den Himmel für ewig. Wie viele Christen leben an Gottes großer Berufung vorbei und geben sich mit so wenig zufrieden! Ich habe etliche Menschen kennengelernt, die ihre Berufung von Gott für etwas anderes geopfert und dadurch Gottes einmalige Pläne verpasst haben.

Was tat Jesus, um zu widerstehen? Er antwortete: „Du sollst den Herrn, deinen Gott, anbeten und ihm allein dienen.“ Ein Hammer! Jesus macht ganz klar, was die Priorität seines Lebens ist. Gott ist die Nummer eins für ihn. Um dem Teufel zu widerstehen, muss unser Leben dahinterstehen, sonst wird er nur lachen. Wie viele sind über Reichtum, Sex und Macht gestolpert! Aber auch hier können wir überwinden, indem die Prioritäten unseres Lebens klar sind. Heiliger Widerstand ist hier gefragt. Es reicht nicht aus, Gottes Wort nur auszusprechen, unser Leben muss dahinterstehen.

Die Herrnhuter haben es da echt draufgehabt. Sie stellten sich untereinander immer wieder folgende Fragen:

- Wie sieht dein Gebetsleben aus?
- Wie sieht dein Gedankenleben aus?
- Wie steht es um deine Ehe bzw. Beziehungen zum anderen Geschlecht?
- Wer ist Herr über deine Finanzen – bist du frei von Habsucht?

Danach dreht der Teufel absolut auf und will Jesus ins totale Verderben stürzen: *Wenn du Gottes Sohn bist, so wirf dich von hier hinab*. Jesus widerstand wieder durch das Wort: *Es ist gesagt: Du sollst den Herrn deinen Gott nicht versuchen!*

Daraufhin wich der Teufel von ihm. Hier haben wir die größten Anfechtungen des Lebens.

> Er wird dich und deine Berufung infrage stellen.
> Er versucht, dich zu verführen, um dich von Gott wegzubringen.
> Er will dich zerstören – deine Beziehung zu Gott, deine Familie, deinen Dienst und dein Leben.

Hier finden wir den ersten Schlüssel, um Gottes Herrlichkeit und seine Kraft zu erleben. Wir sind erfüllt vom Wort Gottes und erneuern unser Denken durch das Wort Gottes. Die „neue Generation" weiß, wie sie dem Teufel widersteht und zum Alptraum für ihn wird.

Nachdem Jesus dem Teufel sehr erfolgreich durch Gottes Wort widerstanden hatte, kam als Nächstes die Power Gottes. Er nahm das Buch des Propheten Jesaja und fand nicht irgendeinen auferbauenden Vers, sondern eine Stelle, von der er wusste: Das gilt mir, hier geht es um mich.

Dann las Jesus die Stelle aus Jesaja: „Der Geist des Herrn ist auf mir, weil er mich gesalbt hat, Armen gute Botschaft zu verkündigen. Er hat mich gesandt, Gefangenen Befreiung auszurufen, Blinden, dass sie wieder sehen, und Zerschlagene in Freiheit hinzusenden."

Kurz danach wird berichtet, dass das Volk sehr erstaunt über seine Lehre war, denn er sprach mit Vollmacht und er heilte die Kranken. Zuerst hat er dem Satan durch das Wort Gottes widerstanden, dann erlebte er Gottes Vollmacht. Ich möchte euch jetzt zeigen, wie ihr das in eurem alltäglichen Leben erfahren könnt.

Wusstest du, dass es solche Stellen im Wort Gottes auch für dich gibt? Schauen wir uns mal einige Stellen an:

> Ps. 60,14: „Mit Gott werden wir mächtige Taten tun."
> Jh. 14,12: „Wer an mich glaubt, wird auch die Werke tun, die ich tue, und wird größere als diese tun."
> Mt. 10,8: „Heilt die Kranken, weckt Tote auf, reinigt Aussätzige, treibt Dämonen aus."

Bete diese Worte doch mal in der Ichform:

> Ps. 60,14: „Mit Gott werde *ich* mächtige Taten tun."
> Jh. 14,12: „*Ich* glaube und werde auch die Werke tun, die Jesus getan hat, und werde größere als diese tun."
> Mt. 10,8: „*Ich* heile die Kranken, wecke Tote auf, reinige Aussätzige und treibe Dämonen aus."

Erfüllt von Gottes Wort

Die Bibel sagt sehr deutlich, dass wir unser Denken erneuern müssen. Das geschieht, indem Gottes Wort in uns ist. Jesus sagte, wenn sein Wort in uns ist, können wir bitten, was wir wollen, und es wird geschehen – welch eine Verheißung!

> *Das Wort des Christus wohne reichlich in euch. (Kol. 3,16)*

> *Werdet verwandelt durch die Erneuerung eures Sinnes. (Röm. 12,2)*

Viele Menschen leben in einem Zustand von Verletzung, Angst, Hemmungen oder Depressionen, weil sie das Prinzip des erneuerten Denkens nicht kennen. Anstatt im Sieg zu leben, werden sie vom Feind überwältigt. Jeder hat die Fähigkeit, durch erneuertes Denken über sich hinauszuwachsen und zu erleben, wie er frei von Angst, Verletzungen und Minderwertigkeit wird.

> Du überlässt deine Gedanken nicht dem Zufall.
> Du gibst alte und eingefahrene Denkgewohnheiten auf.
> Du brichst mit negativem Denken und Gedankenlügen.
> Du erneuerst dein Denken aufgrund biblischer Wahrheiten.

> *Mein Sohn, auf meine Worte achte, meinen Reden neige dein Ohr zu. Lass sie nicht aus deinen Augen weichen, bewahre sie im Innern deines Herzens! Denn Leben sind sie denen, die sie finden, und Heilung für ihr ganzes Fleisch. (Spr. 4,20-22)*

Wenn wir Gottes Wort in unserem Innersten bewahren, finden wir Leben, Befreiung und Heilung.

Jesus sagte, wenn wir in seinem Wort bleiben, sind wir wahrhaft seine Jünger, und wir werden die Wahrheit erkennen und die Wahrheit wird uns frei machen (Jh. 8,31).

In Lukas 8 beschreibt er, dass Gottes Wort ein Same ist, der aufgeht und Frucht bringt. Du wirst ernten, wovon dein Herz voll ist. Wenn ein Bauer Tomaten ernten will, wird er keine Gurkensamen in die Erde stecken. Wenn du Gottes Freude, Hoffnung, Vollmacht und Kraft in deinem Leben erleben willst, musst du falsche Gedanken abweisen und in der Wahrheit leben.

Vor Jahren gab mir Gott ein sehr interessantes Bild. Ich sah einen großen Flughafen. Unterschiedliche Flugzeuge wollten landen. Weiße und schwarze. Dein Herz ist der Flughafen, und auch hier wollen Gedanken landen. Dann sah ich, dass wir selber im Kontrollraum sitzen. Du entscheidest, was in deinem Herzen landet: Gottes Wort, das Kraft hat, dich aufzubauen und freizusetzen, oder aber auch negative Gedanken, die dich total runterziehen können. Anstatt Gottes Herrlichkeit und Fülle zu erleben, erfährst du dann Schwachheit, Minderwertigkeit, Angst, gesellschaftliche Zwänge und Normen usw.

Wahrheit birgt nämlich ein fantastisches Potenzial in sich: Sie ist in der Lage, Menschen frei zu machen.

Gottes Wort ist wirksam

Das Wort Gottes ist genauso schöpferisch und mächtig wie damals, als Gott sprach und es geschah. Dieses Wort hat Kraft, dich freizusetzen. Paulus schreibt an die Hebräer, dass Gottes Wort lebendig und wirksam ist. Das Alte Testament sagt uns sogar, dass Gott über sein Wort wacht, um es auszuführen.

Glücklich der Mensch, der nicht folgt dem Rat der Gottlosen, den Weg der Sünder nicht betritt und nicht im Kreis der Spötter sitzt, sondern seine Lust hat am Gesetz des Herrn und über sein Gesetz sinnt Tag und Nacht! Er ist wie ein Baum, gepflanzt an Wasserbächen, der seine Frucht bringt zu seiner Zeit, und dessen Laub nicht verwelkt; alles was er tut, gelingt ihm. (Ps. 1)

Der Psalmist zeigt uns hier im ersten Psalm, dass, wenn wir in Gottes Wort bleiben, Tag und Nacht darüber nachsinnen, Folgendes geschehen wird:

Unser Leben ist wie ein Baum in seiner vollen Blüte.
Unser Leben wird Frucht bringen.
Alles was wir tun, wird uns gelingen.

Dein Leben wird sich dramatisch verändern, wenn Gottes Wort in dir bleibt. Viele leben weit unter dem Maximum Gottes, da ihre Gedanken von negativen Inhalten erfüllt sind.

Ein Freund erzählte mir seine Geschichte. Sein Vater glaubte nicht an ihn und sagte ihm immer: „Du schaffst es nicht, du bist nichts und aus dir wird auch nichts." Also besuchte er die Hauptschule und hatte fast nur schlechte Zensuren. Eines Tages sagte er sich: „Ich werde es meinem Vater zeigen", fing an zu lernen, veränderte seine innere Überzeugung und sagte zu sich selbst: Ich werde es schaffen. Er wechselte auf das Gymnasium, studierte und wurde Ingenieur. In den nächsten Jahren verdiente er ein Vermögen. Hätte er geglaubt, was sein Vater ihm ständig sagte, wäre er ein Versager geblieben und hätte nichts aus seinem Leben gemacht.

Worte haben eine große Auswirkung auf unser Leben.

Es sind unsere Gedanken, die entscheiden, ob wir Siege oder Niederlagen erleben, ob wir mit Minderwertigkeit oder Selbstbewusstsein durch das Leben gehen. Jemand, der ständig denkt: „Keiner mag mich“, dessen Verhalten spiegelt das auch wider. Er zwingt dadurch bewusst oder unbewusst seine Mitmenschen, einen Bogen um ihn zu machen.

Selbst fabrizierte Not entspringt häufig Gedanken wie diesen, wenn wir sie über Jahre hinweg pflegen:

> Ich tauge nichts, denn alles was ich anpacke, mache ich falsch.
> Ich bin bedeutungslos.
> Man übersieht mich regelmäßig, und allen bin ich gleichgültig.
> Ich kann nichts und ich werde es nicht schaffen.
> Ich habe Angst vor …
> Ich sehe nicht besonders gut aus.
> Ich kann mich einfach nicht mehr freuen.
> Ich kann einfach nicht mehr.
> Ich kann doch nicht aus dem gesellschaftlichen Rahmen fallen.

Wenn wir diesen Dingen glauben, kann das große Auswirkungen auf unser Leben haben. Die Bibel sagt uns sehr viel über den Zusammenhang zwischen unseren Gedanken, den Worten, die wir ständig in uns bewegen, und unserem Leben. Oft haben wir uns an solche Gedanken schon gewöhnt, ähnlich wie der Bär, der jahrelang im Zirkuskäfig saß und nur für die Show rausgelassen wurde.

Der Dompteur holte den Bären jeden Tag aus seinem Käfig, brachte ihm Kunststücke bei und führte ihn dann zurück in den Käfig. Im Käfig war Platz für zehn Schritte vorwärts und dann wieder zurück. Eines Tages ging der Zirkus pleite. Der Dompteur fuhr in die tiefe Wildnis und setzte den Bären aus. Dann beobachtete er in einem gewissen Abstand, wie der Bär sich wohl in der Freiheit verhalten würde. Der Bär fing an zu gehen: einen Schritt, zwei, drei, ... sieben, acht, neun, zehn. Und dann tapste er wieder zurück. Er war in der Freiheit, aber trotzdem lebte er im Käfig weiter. Dieser Käfig existierte nur in seinen Gedanken. Viele Menschen leben in einem Käfig. Christus hat sie am Kreuz schon lange frei gemacht, aber oft haben wir uns an das Gefängnis gewöhnt.

Es geht um Leben und Tod!

Die folgenden Zitate der Bibel zeigen, wie groß der Einfluss unserer Gedanken auf unser Leben ist:

> *Denn wie ein Mensch in seinem Herzen denkt, so ist er. (Spr. 23,7)*
>
> *Tod und Leben sind in der Gewalt der Zunge. (Spr. 18,21)*

Der Teufel hat eine mächtige Waffe, unser Leben zu zerstören. Lügen! Da Worte laut Aussage der Bibel sogar die Macht über Leben und Tod haben, können Lügen uns zerstören.

In Korea wurden 350 Kriegsgefangene ein Jahr lang mit negativen Nachrichten beschallt. Nach einiger Zeit sind daraufhin alle Gefangenen gestorben. Natürlich fällst du nicht gleich tot vom Stuhl, wenn du mal einen negativen Gedanken hast, aber wenn du kontinuierlich diesem Gedanken in deinem Herzen Raum gibst, wirst du auch entsprechende Resultate in deinem Leben sehen. Hoffnungslosigkeit macht sich breit oder eine tiefe innerliche Leere, das Gefühl, dass dein Leben nichts wert ist und dich keiner liebt.

Du kannst dein Leben durch Worte steuern!

Das klingt erst mal massiv esoterisch, stammt aber aus der Bibel. Denn du glaubst nicht irgendwelchen Erfolgsformeln, sondern dem Wort Gottes.

> *Wenn jemand nicht im Wort strauchelt, der ist ein vollkommener Mann, fähig, auch den ganzen Leib zu zügeln. Wenn wir aber den Pferden die Zäume in die Mäuler legen, damit sie uns gehorchen, lenken wir auch ihren ganzen Leib. Siehe, auch die Schiffe, die so groß und von heftigen Winden getrieben sind, werden durch ein sehr kleines Steuerruder gelenkt, wohin das Trachten des Steuermanns will. So ist auch die Zunge ein kleines Glied und rühmt sich großer Dinge. Siehe, welch kleines Feuer, welch einen großen Wald zündet es an! (Jak. 3,2-6)*

Jakobus sagt, dass man unsere Zunge mit dem Steuerrad eines Schiffes vergleichen kann. Wir steuern unser Lebensschiff durch unsere Gedanken und Worte. Er beschreibt in dieser Passage, dass durch einen scheinbar kleinen Gegenstand wie das Steuerruder ein Ozeanriese gelenkt wird. Der Vergleich, auf den er hinauswill, ist ein Hammer: Genauso wird unser Leben durch unsere Zunge gesteuert. Fang doch mal an, deine Gedanken mit Folgendem zu füllen:

- Ich bin das, was Gott über mich sagt!
- Ich kann alles haben, was Gott mir zuspricht!
- Ich werde sein, was Gott sagt, dass ich sein werde.

Gottes Wort in unserem Herzen erzeugt Glauben. Gottes Wort in unserem Herzen erzeugt verändertes

Denken, dadurch erleben wir ein anderes Handeln und auch andere Resultate.

Lies das Wort täglich, bete das Wort täglich und gehorche dem Wort täglich. Deine Worte haben Kraft. Worte, die mit Glauben verbunden sind, bringen immer hervor, was sie sagen.

- Mit Worten rief Gott diese Welt ins Dasein.
- Mit Worten beruhigte Jesus den Sturm auf dem See Genezareth.
- Mit Worten befahl Jesus Dämonen, auszufahren, und Krankheiten, zu gehen.
- Mit Worten weckte er Tote auf, indem er ihnen befahl aufzustehen.

Worte, im Glauben gesprochen, haben eine gewaltige Kraft in sich. Das gilt auch für uns. Oft sind wir uns der Autorität, die wir haben, gar nicht bewusst.

Bist du gegründet im Wort? Lebt das Wort in deinem Herzen, so dass es dein Leben bestimmen kann?

Die „neue Generation", die Gott zurüstet, ist erfüllt von seinem Wort und wird durch Gottes Wort verwandelt. Josua hatte einen anderen Geist und war erfüllt von Gottes Verheißungen.

Josua und Kaleb erkundeten mit zehn anderen Männern das verheißene Land. Im 4. Mose 13 lesen wir aber zwei unterschiedliche Berichte. Die einen sahen nur Riesen in dem verheißenen Land. Sie kamen sich vor wie Heuschrecken. Josua und Kaleb hatten Gottes Wort in ihrem Herzen und die Zuversicht, dass sie das Land einnehmen würden. Gott hat ein verheißenes Land, und wir sollen es einnehmen. Es ist an der Zeit, wie Josua Gottes Verheißungen zu glauben, unser Denken zu erneuern und Gottes Wort in unserem Herzen zu haben.

Deine Gedanken bestimmen, wer du in zehn Jahren bist! Deine Gedanken haben aus dir gemacht, was du bist, und sie werden deine Zukunft bestimmen. Unser Glaube bzw. unser Unglaube enthält enorme Möglichkeiten, die entweder brachliegen oder verwirklicht werden.

Dynamisch evangelisieren

Heute Morgen stehen viele Menschen in unserem Land auf:

- Der 15-jährige Johannes, der sich fragt, wofür er lebt und was nach dem Tod kommt.
- Der 42-jährige Klaus, der seit drei Jahren arbeitslos ist. Er versucht alles, hat schon über 200 Bewerbungen geschrieben und gehofft, endlich einen Job zu bekommen, um seine Familie zu ernähren. Mittlerweile hat er keine Hoffnung mehr.
- Die hübsche 21-jährige Cindy. Sie ist seit zwei Jahren eine Edelprostituierte. Sie geht für viel Geld mit reichen Leuten ins Bett und glaubt, das große Geschäft zu machen.
- Der 34-jährige Sven. Er ist seit zwölf Jahren drogenabhängig. Er muss wieder das Geld für seine Drogen aufbringen.
- Der Geschäftsmann, der keine Perspektive für seine Firma hat und nicht weiß, wie es weitergeht.
- Die alleinerziehende Mutter, die versucht, mit ihren drei Kindern klarzukommen.

- Der 51-jährige Pädophile, der zwanghaft getrieben ist, Sex mit Kindern zu haben, und auch heute nach Opfern sucht.
- Millionen weitere Menschen, die noch nie das Evangelium gehört haben und Gottes Möglichkeiten für ihr Leben nicht kennen.

Zur gleichen Zeit stehen heute Tausende Menschen auf, die Gott kennen. Sie kennen die verändernde und rettende Kraft des Evangeliums. Sie haben keine harmlose Philosophie oder neue Weltanschauung. Sie rennen keinem neuen Guru hinterher. Sie glauben an den Gott, der das Universum erschaffen hat, der aus Liebe für uns Menschen seinen Sohn gegeben und ihn nach drei Tagen auferweckt hat. Jetzt sitzt Jesus zur Rechten Gottes, hat verheißen, alle Tage bei denen zu sein, die an ihn glauben. Ihm sind alle Dinge möglich. Er liebt all diese Menschen, hat für jeden Einzelnen sein Leben gegeben. Die Bibel macht deutlich, dass Gott will, dass jeder Mensch das Evangelium hört und gerettet wird.

„Wir geben alles für ein Ziel!“

So lautete der Text auf einem großen Banner, das die Spieler vom FSV Mainz 05 nach einem gewonnenen Spiel ausrollten. Ihr Ziel war es, nicht abzusteigen, was sie dann auch erreichten. Sie gaben alles dafür. Sie glaubten daran, sie gaben im Spiel hundert Prozent ihrer Kräfte. Was steht auf dem Banner deines Lebens? Gibst du auch alles für ein Ziel? Jesus tat es. Im Lukas-Evangelium lesen wir, dass er gekommen ist, um zu suchen und zu retten, was verloren ist. Für dieses Ziel gab er alles. Er ging sogar so weit, dass er für dieses Ziel sein Leben gab.

Es ist an der Zeit, aufzustehen und die Botschaft des Evangeliums zu verkündigen. Wenn wir tatsächlich vom

Evangelium überzeugt sind, können wir uns nicht zurückhalten. Es wartet eine Welt auf uns, die die erlösende, befreiende Botschaft von Jesus Christus braucht. Wenn jemand heute ein wirksames Mittel gegen Aids erfinden und das für sich behalten würde, wäre es ein absoluter Skandal. *Genauso ist es ein Skandal, die Erlösung durch Jesus für sich zu behalten*. Paulus schreibt an die Römer, dass er sich des Evangeliums nicht schämt, denn es ist Gottes Kraft zur Errettung.

Wenn das Thema Evangelisation in Gemeinden angesprochen wird, dann passiert meistens komischerweise etwas Eigenartiges: Der Kanal zwischen unseren beiden Ohren wird aktiviert und auf Durchzug gestellt. Dabei gibt es doch nichts Schöneres, als dass Menschen den lebendigen Gott kennenlernen! Selbst im Himmel wird eine Riesenparty gefeiert. Warum leben viele Christen in unserem Land in diesem Zustand? Für Jesus brauchen wir uns nicht zu schämen, er ist wunderbar und einzigartig. Oft sind es unsere evangelistischen Bemühungen, die etwas komisch erscheinen, *nicht Jesus*. Ich war schon auf Straßeneinsätzen, die so todpeinlich waren, dass ich am liebsten im nächsten Gullydeckel abgetaucht wäre. Aber ist Gott nicht gerade dabei, etwas total Neues zu tun? Das Evangelium wird leidenschaftlich verkündigt, Menschen kommen zum Glauben und werden geheilt. Ganz unkonventionell wird von Jesus erzählt, und die Resultate sind zum Teil sehr erstaunlich. Eine „neue Generation" entdeckt die Kraft und Vollmacht des Evangeliums und verkündigt es authentisch und zeitgemäß.

Trotzdem leben viele noch in der alten Zeit und denken, Evangelisation ist langweilig oder peinlich. Verabschiede dich sofort von diesen Gedanken! Denk einfach um: Evangelisation macht Spaß! Wenn im Psalm 100 geschrieben ist, dass wir Gott mit Freuden dienen sollen, dann ist auch damit gemeint, dass wir mit Leidenschaft und Begeisterung evangelisieren sollen. Solange wir evangelisieren, als wären wir in Zitronensaft getauft, macht es auch nicht viel Spaß. Spurgeon sagte: „Zünde dich an, und Menschen werden kommen, um dich brennen zu sehen. Verbringe Zeit in der Gegenwart Gottes, lass dich von seiner Leidenschaft entzünden, und du wirst anders evangelisieren. Menschen werden dich fragen, was du Besonderes hast. Jesus sagte, dass du das Licht der Welt bist. Du bist es, warte nicht länger, sondern lass dein Licht leuchten!"

In einer Talkrunde wurde ein Lottomitarbeiter interviewt. Sein Job ist es, den Leuten mitzuteilen, dass sie gerade Millionäre geworden sind. Als ich ihn dort gesehen habe, dachte ich, dass unser Auftrag noch viel größer ist. Ohne Frage muss es einzigartig sein, Menschen zu erleben, die gerade mitgeteilt bekommen, dass sie einige Millionen gewonnen haben. Aber ist unsere Botschaft nicht viel größer? Jesus will uns vor dem ewigen Tod retten und uns ewiges Leben schenken. Er will uns unsere Schuld vergeben und bietet uns seine Freundschaft an. Den Gott, der das Universum erschaffen hat, persönlich zu kennen, und das für immer! Was ist ein kleiner Lottogewinn dagegen? Das Evangelium ist die beste Botschaft dieser Welt, aber was nützt das den Menschen, wenn sie es nicht wissen!

Natürlich werden wir auch mal wegen unseres Glaubens ausgelacht, verspottet und abgelehnt. Aber trotzdem sollten wir alles dransetzen, Menschen mit dem Evangelium zu erreichen. Es gibt auch in deinem Leben unendliche Möglichkeiten, es zu verkündigen. Nicht jeder ist dazu berufen zu predigen, aber in Apostelgeschichte 1,8 lesen wir, dass der Heilige Geist auf uns kommen will und uns befähigen will, ein Zeuge für Jesus zu sein. Auch du kannst mit Kraft und Autorität von seiner Realität berichten.

Die Apostel sind unser Vorbild im Evangelisieren. Sie stellten ihre Welt auf den Kopf und erlebten auch eine Menge Gegenwind. Aber anstatt aufzugeben, legten sie erst richtig los:

> *Und nun, Herr, sieh ihre Drohungen an und gib deinen Knechten, dein Wort mit aller Freimütigkeit zu reden; indem du deine Hand ausstreckst zur Heilung, und dass Zeichen und Wunder geschehen durch den Namen deines heiligen Knechtes Jesus. Und als sie gebetet hatten, bewegte sich die Stätte, wo sie versammelt waren: und sie wurden alle mit dem Heiligen Geist erfüllt und redeten das Wort Gottes mit Freimütigkeit. (Apg. 4,29-31)*

> *Und mit großer Kraft legten die Apostel das Zeugnis von der Auferstehung des Herrn Jesus ab; und große Gnade war auf ihnen allen. (Vers 33)*

Welch eine Entschlossenheit hatten die Apostel! Gott hat zur Errettung der Menschheit alles gegeben – seinen eigenen Sohn! Auf Golgatha zeigte Gott, wie entschlossen er ist, uns zu erretten. Die Jünger waren ergriffen von der Liebe Gottes, diese Liebe drängte sie, alles zu geben, um Menschen zu gewinnen. Gott ist dabei, diese „neue Generation“ aufzustellen, die mit solch einer Entschlossenheit alles gibt, um Menschen für die Ewigkeit zu retten.

Jesus Revolution evangelisierte ein Wochenende in München. Dreihundert Jugendliche kamen zum Glauben. Manch eine Gemeinde hat das in vielen Jahren nicht geschafft. Die Schüler der *Holy Revolution School* evangelisierten in ganz Deutschland, und auch hier haben Hunderte, insbesondere junge Menschen ihr Leben Jesus gegeben. Während unserer *Passion*-Konferenz kamen auch in drei Tagen Hunderte zum Glauben. Wenn wir dynamisch Gottes Wort verkündigen, werden wir Frucht sehen. Aber dazu müssen wir unsere Chancen nutzen. Immer wieder gibt es Möglichkeiten, das Evangelium zu verkündigen. Während meiner Bibelschule arbeitete ich kurze Zeit in einem Altersheim. Eines Nachmittags traf ich bei meiner Routinearbeit auf eine ältere Dame. Sie war völlig verzweifelt. Natürlich kam mir der Gedanke, ihr von Jesus zu erzählen, aber ich selbst fühlte mich auch nicht umwerfend an diesem Nachmittag. Trotzdem habe ich ihr von Jesus erzählt, und sie übergab ihm ihr Leben. Am nächsten Tag ging es ihr richtig gut. Das war das letzte Mal, dass ich sie gesehen habe, denn kurz darauf verstarb sie. Ich war der Letzte, der ihr den Weg in die Ewigkeit zeigen konnte.

Verpasste Chancen

Wir können aber auch Chancen verpassen, das Evangelium zu verkündigen, ob in unserem Alltag oder bei nationalen Ereignissen. Selbst große historische Möglichkeiten haben wir mit Bravour verpasst, z. B. die Tage nach dem 9. November 1989 – eine einzigartige Zeit für unser Land. Die ganze Welt war in Berlin am Brandenburger Tor versammelt. NTV, CNN, BBC usw. – alle hatten ihre Fernsehkameras auf Berlin gerichtet. Man hatte zu der Zeit das Gefühl, als lebe man in einem Geschichtsbuch – es war eine faszinierende Atmosphäre. Viele Gemeinden freuten sich über einige neue Besucher. Aber wo waren die Gemeinden, die hier in solch einem historischen Augenblick das Evangelium der Freiheit verkündigten? Wo waren die Männer Gottes, die hier aufstanden und diese fantastische Möglichkeit nutzten? Die Wirtschaft war vorbereitet. Sofort überflutete sie den Osten mit Versicherungen, Geschäften, Autos und so weiter. Aber wo wurde der Osten mit dem Evangelium überflutet? Als eine Organisation aus den USA 2001 die Aktion „Kraft zum Leben“ startete und ganz Deutschland darüber sprach, nutzten nur wenige diese Möglichkeit. Manche Christen regten sich auf, warum die Amerikaner uns nicht gefragt hätten, andere rührten sich überhaupt nicht.

Auf vielen Konferenzen taten wir ausführlich Buße für die Vergehen gegen die Juden im 2. Weltkrieg. Das hat absolut seine Berechtigung. Ich möchte nicht, dass dieses Beispiel falsch verstanden wird. Ganz eindeutig haben wir uns an sechs Millionen Juden versündigt. Aber versündigen wir uns nicht auch jetzt an unseren Mitbürgern? Täglich sterben Menschen in unserem Land und gehen in die Ewigkeit, ohne das Evangelium gehört zu haben. Haben wir hier schon einmal über unsere Lauheit und Bequemlichkeit Buße getan? Ich habe noch nie auf einer Konferenz gehört, dass wir Buße darüber tun, dass wir nicht entschlossen in Deutschland das Evangelium verkündigen und solch gewaltige Chancen wie die Zeit nach dem 9. November 89 nicht genutzt haben. Ich habe 21 Jahre in Hannover gelebt und nie das Evangelium gehört. Gab es zu der Zeit keine Christen in dieser Stadt? Ich war ein sehr aktiver Typ und war ständig unterwegs und wusste oft, wo in der Stadt was „abging“. Aber ich habe in der Innenstadt nie eine Evangelisation erlebt. Es ist Gottes eindeutiger Auftrag, dass wir unser Land mit dem Evangelium erreichen. Vor einigen Jahren predigte Lester Samuel in einer charismatischen Gemeinde. Er sprach über Hesekiel 33,8, dass Gott, wenn wir den Gottlosen nicht warnen, das Blut von unseren Händen fordern wird. Er machte etwas heftig, aber doch eindeutig klar, wie wichtig es ist, das Evangelium zu verbreiten. Die Gemeindemitglieder waren zum Teil total aufgebracht. Das passte nicht in ihre charismatische Kuschelwelt. Natürlich haben wir eine gute Botschaft und wollen diese mit Freude und Leidenschaft verbreiten. Aber es ist auch wichtig, den Ernst der Situation zu erkennen. Es steht immerhin die Ewigkeit auf dem Spiel!

Vor einiger Zeit sprach der Heilige Geist zu meinem Herzen. Was ich da hörte, bewegte mich zutiefst. Mir standen die Tränen in den Augen, als ich folgendes Reden Gottes hörte: „Viele Menschen, die mich kennen, sind interessiert an meinem Segen, aber nicht an meinem Herzen. Ganze Städte und Dörfer sind voller Menschen, die ihr Leben auf Sand bauen. Ihr Fundament wird zusammenbrechen, mein Herz ist bewegt über ihre Verlorenheit."

Charlie Pierce war zum Tode verurteilt. Auf dem Weg zum Galgen begleitete ihn ein Pfarrer, aber ohne nur eine Gemütsbewegung zu zeigen. Er las ihm einige Verse aus dem Buch „Trost der Frömmigkeit" vor. Pierce war total geschockt. *Wie kann er so über Hölle reden?*, fragte er sich. Erregt fuhr er den Pfarrer an: „Wenn ich das glauben würde, was Sie mir gerade erzählen, liefe ich von Küste zu Küste, sogar über Glassplitter, wenn ich nur einen vor der Hölle retten könnte!"

Wann hast du das letzte Mal für Verlorene gebetet und vielleicht dabei sogar geweint?

Deine Entscheidung: „Ich werde aktiv!"

> *Kommt, mir nach! Und ich werde euch zu Menschenfischern machen. (Mt. 4,19)*

Jesus macht sehr deutlich, was es bedeutet, ihm nachzufolgen: Menschen für den Glauben zu gewinnen. Du hast vielleicht keine spezielle Berufung als Evangelist. Aber egal, ob du Krankenschwester, Bankkaufmann oder IT-Fachmann bist, der Auftrag Jesu ist sehr klar für dein

Leben: Menschen mit dem Evangelium zu gewinnen. Meine Frau arbeitet als Krankenschwester in der Ambulanz eines Krankenhauses. Und genau dort erzählt sie Menschen von Jesus und erlebt auch, wie diese zum Glauben kommen.

Einmal besuchte sie ein 19-jähriges Mädchen. Sie war im Krankenhaus, weil sie unter Magersucht litt und nur noch 30 Kilo wog. Der Arzt sagte dem Vater im Grunde, dass er schon mal einen Sarg bestellen könne, da seine Tochter keine Überlebenschance habe. Meine Frau erzählte ihr von der Hoffnung, die Gott für ihr Leben hat. Daraufhin hat das Mädchen sich für Jesus entschieden und nach dem Gebet sagte sie, dass sie spürte, wie sie etwas verlassen hat. Kurz danach nahm sie mehrere Kilo zu und es ging ihr erheblich besser.

Gott will dich an dem Ort gebrauchen, an dem du gerade bist, um Menschen zu gewinnen. Dein Arbeitsplatz, deine Wohngegend, dein familiäres Umfeld sind voller Möglichkeiten. *Just do it!* Triff doch jetzt eine Entscheidung, das zu tun, was Jesus dir aufgetragen hat. Bete doch jetzt ein einfaches Gebet. *Herr, ich stelle mich dir zur Verfügung. Ich will Menschen für die Ewigkeit gewinnen. Hilf mir dabei und gib mir Kraft dafür, so wie du es verheißen hast. Schenk du mir Gelegenheiten, offen über das Evangelium zu reden und Menschen den Weg zu dir zu zeigen. Amen.* Jetzt geht es los. Gewaltige Abenteuer warten auf dich. Dein Alltag wird wahrscheinlich jetzt anders aussehen. Fang dort an, wo du bist, und nutze die Gelegenheiten, die Gott dir schenkt.

Face Your Fears!

Bisher hast du vielleicht nicht evangelisiert, weil du Angst hattest. Angst davor, abgelehnt, ausgelacht oder ignoriert zu werden. Manchmal kommen wir uns zu unbedeutend vor, was haben wir schon zu sagen? Aber die Bibel sieht das ganz anders. Du bist ein Botschafter an Christi statt. An seiner Stelle bist du hier. Die beste Möglichkeit, mit Angst umzugehen, ist, ihr entgegenzutreten. *Face your fears!* Ich habe fürchterliche Höhenangst. Vor einiger Zeit war ich in einem Gebirge. Schon die vierte Etage eines Hauses kann mir echt zu schaffen machen. Jetzt lag ein Gebirge mit einer Brücke in schwindelerregender Höhe vor mir. Langsam tastete ich mich vor. Aber die Brücke war zu krass für mich. Stück für Stück näherte ich mich ihr und dann stand ich direkt davor. Angstschweiß schoss aus allen Poren. Dann gab ich mir einen mächtigen Ruck und ging einen Schritt auf die Brücke. Aber sofort war ich wieder auf dem für mich sicheren Weg. Etwas mutiger ging ich jetzt noch einmal auf die Brücke. Dann traute ich mich bis an das andere Ende. Als ich wieder auf dem Weg stand, war ich total begeistert. Nie hätte ich gedacht, dass ich das schaffe! Diese Brücke wäre für dich kein Problem, aber Menschen auf Jesus anzusprechen bringt bei dir vielleicht ähnliche Gefühle hervor. Geh auf die Brücke! Verlasse den sicheren Bereich und wage etwas, was du dir nicht zutraust. Du schaffst es!

Vor vielen Jahren hatte jemand ein prophetisches Wort für mein Leben. Ich konnte gar nicht glauben, was ich da hörte: Gott will mich gebrauchen, das Evangelium sogar in Fußballstadien zu verkündigen. Fußballstadien, das wirkte lächerlich in meinem Augen, denn ich hatte schon Angst, vor fünfzig Menschen öffentlich zu reden. Manchmal träumte ich davon, dass mir Reinhard Bonnke die Hände auflegt und ich dann so kühn wie er das Evangelium verkündige. Aber ich musste lernen, auf die „Brücke" zu gehen und zu sehen, dass Gottes Kraft kommt, wenn ich es wage. Heute predige ich manchmal zu Zehntausenden Menschen. Dazu führte ein Prozess, in dem ich betete, davon träumte, es immer wieder wagte und nicht aufgab.

Auch du kannst frei von Angst sein, denn Gott hat uns nicht einen Geist der Furchtsamkeit gegeben, sondern der Kraft, der Liebe und der Besonnenheit (2. Tim. 1,7).

Geh einfach auf die „Brücke“, trau dich einfach, Menschen anzusprechen, und du wirst merken, wie es immer einfacher wird.

All You Need Is Love

Gerade in unserer Gesellschaft dreht sich alles nur um eine Person. Es geht nur um dich. Wir sind geprägt von einem egoistischen Lebensstil, und der macht auch vor Kirchentüren nicht halt. Auch nicht vor charismatischen Kirchentüren. Natürlich will Gott, dass es uns gut geht. Aber so manche Wohlstandspredigt entstammt mehr der westlichen Kultur als der Bibel. Gott will uns segnen, damit wir ein Segen sind! Wir sollen es nicht nur für uns behalten. Im 13. Kapitel des 1. Korintherbriefes können wir lesen: Egal wie geistlich wir sind, wenn wir keine Liebe haben, fehlt uns das Wichtigste. Hier kommt es oft zu Missverständnissen. Wir verwechseln Liebe mit großem Gefühl – das hat uns Hollywood jahrelang klargemacht. Aber Liebe hat nicht in erster Linie mit Gefühl zu tun. Das Größte, was je aus Liebe auf unserer Erde geschehen ist, war Golgatha. Hier gab der Sohn Gottes sein Leben, weil wir ihm wichtig sind. Gott hat ein Rieseninteresse am Menschen, und deswegen brachte er aus Liebe das größte Opfer. Liebe ist Aktion. Mutter Teresa wurde in Kalkutta von einem Geschäftsmann beobachtet, wie sie die todkranken Menschen pflegte. Er meinte dann zu ihr: „Das würde ich für eine Million Dollar nicht tun“, worauf sie antwortete: „Für eine Million würde ich es auch nicht tun, ich tue es aus Liebe.“ Die Liebe ist die größte Kraft auf dieser Erde.

Liebe ist geduldig und freundlich. Sie kennt keinen Neid, keine Selbstsucht, sie prahlt nicht und ist nicht überheblich. Liebe ist weder verletzend, noch auf sich selbst bedacht, weder reizbar, noch nachtragend. Sie freut sich nicht am Unrecht, sondern freut sich, wenn die Wahrheit siegt. Diese Liebe erträgt alles, sie glaubt alles, sie hofft alles und hält allem stand. (1. Kor. 13)

Welch eine Kraft! Das klingt wie aus einer anderen Welt – und genau das ist sie auch. Die Liebe ist nicht aus dieser Welt, aber durch den Heiligen Geist ist diese Liebe in unser Herz ausgegossen.

Vor etlichen Jahren lebte ein befreundeter Bibelschüler in einem Apartment und direkt nebenan eine sehr verbitterte Dame. Ständig verfluchte sie ihn oder warf sogar mit Kaffeetassen nach ihm. Eines Tages wurde diese ältere Dame schwer krank, sie kam in ein Krankenhaus, und es war klar, dass sie es lebend nicht mehr verlassen würde. Im Hauskreis, den der Bibelschüler besuchte, hatte man die Idee, dass er mit einem Blumenstrauß ins Krankenhaus fahren solle. Die Idee fand er zunächst nicht sehr lustig, setzte sie dann aber doch in die Tat um. Als er mit einem großen Blumenstrauß das Zimmer betrat, fiel die ältere Dame fast aus dem Bett. Sie fragte ihn, wie er dazu komme, sie mit Blumen zu besuchen, denn sie sei alles andere als freundlich zu ihm gewesen. Jetzt war sie offen. Er erzählte ihr von Gottes Liebe. Unter Tränen gab sie danach ihr Leben Jesus.

Echtes, aufrichtiges Interesse an Menschen ist mehr wert als Konzepte und Strategien! Wenn Menschen merken, dass du ernsthaftes Interesse an ihrem Leben hast, dass sie kein Missionsopfer sind, öffnen sie ihr Herz für das Evangelium.

Entschlossenheit

John Knox betete vor langer Zeit: „Gott, gib mir Schottland, oder ich sterbe!“ Was für eine Entschiedenheit! Wie sieht unser Leben aus? Gott überraschte mich vor vielen Jahren. Ich betete an Silvester und fragte mich, was das kommende Jahr wohl bringen würde. Ich rechnete unsere evangelistischen Einsätze zusammen und hatte daraufhin Glauben für 20 Menschen, die ich zu Jesus führen dürfte. Daraufhin spürte ich eine leise Stimme: „Glaube mir für 50 Menschen.“ Das kam mir illusorisch vor. Ich fing jedoch an, dafür zu beten, und erlebte, wie ich viel entschlossener evangelisierte. Als ich dann schon im Oktober mit der fünfzigsten Person betete, sagte ich zu Gott: „Bitte gib mir noch zehn mehr.“ Natürlich geht es nicht um Zahlen, sondern um Menschen, die ohne Jesus leben – und das mit ewigen Konsequenzen. Genau deshalb lasst uns viel entschlossener evangelisieren!

Manche beten, dass Gott ihnen eine Tür öffnet, das Evangelium weiterzugeben. Aber manchmal macht Gott jahrelang keine Tür auf – so sagen sie. Unsinn! Wenn wir entschieden sind, das Evangelium weiterzugeben, wird Gott Türen öffnen.

Wir machten als Familie Urlaub auf einem Bauernhof in Kärnten. Dort kam ich mit einem Mann ins Gespräch. Er war offen für das Evangelium, aber jedes Mal, wenn ich ihn traf, war es in großer Runde, oder er hatte zu viel getrunken. Jetzt kam unser letzter Urlaubstag. Ich musste noch in die Stadt, um etwas Geld von der Bank zu holen. Unterwegs betete ich, dass Gott eine Situation schenkt, in der ich noch mit ihm reden konnte. Es war die letzte Chance. Als ich kurz darauf den Bauernhof betrat, stand er ganz allein im Flur. *Wenn das nicht von Gott vorbereitet ist*, dachte ich mir, und sprach ihn sofort an. Da ging die Tür auf, jemand kam rein, und ich wusste, dass meine Chance sich gleich in Luft auflösen würde. Da sagte ich zu ihm, ob wir nicht kurz in einen anderen Raum gehen könnten, und das taten wir. So standen wir in einem Abstellraum zwischen Gurken und Kartoffeln, und er gab sein Leben Jesus. Wäre ich aber nicht entschieden gewesen, wäre auch nichts passiert.

Du bist der Schlüssel zur Errettung von Menschen

In Apostelgeschichte 10,1-48 lesen wir eine interessante Geschichte. Die Hauptpersonen sind Petrus und der Hauptmann Cornelius. Cornelius war kein Jude, lebte aber gottesfürchtig. Er war sperrangelweit offen für das Evangelium. Petrus hingegen, der noch vor Kurzem den Missionsbefehl gehört hatte – „Gehet in alle Welt und verkündigt das Evangelium“, – war gerade im Gebet. Er war so fromm und hat erst überhaupt nicht kapiert, was Gott von ihm wollte. Sind nicht auch wir manchmal mit „frommen Dingen“ beschäftigt und kriegen deshalb nicht mit, was Gott wirklich will?

Solange dich der Teufel ruhig halten und geschickt ablenken kann, ist er nicht in Panik. Ihn juckt nicht, wenn du die zehnte Predigt hörst mit dem Thema: „Wie werde ich noch mehr gesegnet?“. Es stört ihn auch nicht, wenn du jeden charismatischen Hype mitmachst. Hauptsache, du bist bequem, lebst und verkündigst das Evangelium nicht, dann bist du auch keine Gefahr für ihn. Aber wenn du das Evangelium verkündigst, dann wirst du zum Alptraum für ihn!

Zurück zu Petrus: Obwohl er die letzten Worte Jesu wahrscheinlich noch im Ohr hatte, wurden sie von seinem kulturellen Filter herausgefiltert. Den Heiden das Evangelium verkündigen schien ihm unmöglich. Obwohl es der Herr deutlich sagte. Filtern auch wir manchmal Gottes Wort und lassen nur die Verheißungen Gottes übrig, die unbequemen Stellen aber blenden wir aus? In den USA gibt es sogar eine Bibelausgabe, in der alle unbequemen, anstößigen Stellen herausgenommen wurden. Hauptsache, wir fühlen uns wohl! – Aber darum geht es leider nicht.

Petrus hatte seine Prägung und wahrscheinlich auch Vorurteile, genau wie wir. Während auf einer Konferenz viele junge Leute mit großer Liebe und Begeisterung das Evangelium verkündigten, war ich morgens auf dem Weg in das Konferenzzentrum. Dabei kam ich an einem Tattoo-Studio vorbei. Davor lungerten einige total tätowierte und ziemlich fertige Rocker herum. Gedanken wie *Was für kaputte Typen!* schossen mir durch den Kopf. Entsetzt blieb ich stehen und dachte, was hätten wohl unsere jungen Leute gemacht? Wären sie erfüllt von Gottes Liebe hineingegangen und hätten ihnen von Jesus erzählt, während ich mit Vorurteilen vor der Tür stand? Fang an, Menschen so zu sehen, wie Gott sie sieht. Bei ihm gibt es kein Ansehen der Person. Ob es ein Präsident, ein Topmodel oder eine Frau an der Kasse von Aldi ist, er liebt sie.

Auch wir können wie Petrus ganz fromm sein – und gleichzeitig den Willen Gottes verpassen!

Besagtem Cornelius erschien dann ein Engel und sagte ihm, Gott habe sein Gebet erhört, und jetzt solle er Petrus holen. Hätte der Engel ihm nicht das Evangelium verkündigen können? Nein! Diese Aufgabe hat Gott uns Menschen anvertraut. Petrus war der Schlüssel zur Errettung von Cornelius. Auch in deinem Umfeld gibt es Menschen, die Jesus nicht kennen, und du bist der Schlüssel zur Errettung für sie. In Jesaja stellt Gott die Frage: „Wen soll ich senden, und wer wird für uns gehen?“

Die Frage stellt er auch heute. Wer wird den Schulen, Universitäten, den Firmen oder Banken das Evangelium verkündigen? Jesajas Antwort war kurz und bündig: „Hier bin ich, sende mich!“

Du bist der Schlüssel zur Errettung von Menschen. Es gibt in deinem Umfeld Menschen, die nur du erreichen kannst. Der Heilige Geist sagte zu Petrus: „Steh auf und geh!“ Das Gleiche sagt er auch zu dir: Du bist der Schlüssel zur Errettung von Menschen. Steh auf und geh!

Es gibt nichts Schöneres, als zu erleben, wie die Botschaft des Evangeliums Menschenleben verändert. Geh in der Kraft Gottes, erfüllt mit seinem Heiligen Geist, und erlebe, wie Gott dich gebraucht.

Im April 2006 veranstalteten wir eine Konferenz mit Cindy Jacobs. Am letzten Abend hatte sie eine außergewöhnliche Idee. Sie schenkte jedem eine weiße Rose, der, koste es, was es wolle, für die Wahrheit eintreten wollte. Die weiße Rose war das Symbol der von den Geschwistern Hans und Sophie Scholl gegründeten Studentenbewegung, die im Dritten Reich gegen den Nationalsozialismus aufgestanden war. Während die großen Kirchen schwiegen, standen die Geschwister für die Wahrheit auf. Dafür wurden sie am 22. Februar 1943 wegen Hochverrats hingerichtet.

Als Cindy von den Geschwistern Scholl sprach und Leute herausforderte, so wie sie für die Wahrheit aufzustehen, kamen viele nach vorne, um damit auszudrücken: Ich bin bereit, alles für die Wahrheit des Evangeliums zu geben.

Marc Rothemunds Film „Sophie Scholl – die letzten Tage“ und das Theaterstück von Mirjana Angelina bringen uns die letzten Stunden vor der Hinrichtung von Sophie mit ihrer Mitgefangenen Else eindrücklich nahe. Hier eine kurze Passage aus dem Theaterstück:

Sophie: *Was ist schon mein Tod, wenn durch unser Handeln Tausende von Menschen aufgerüttelt und geweckt werden?*

Else: *Sie wissen noch nicht, wie feige die Herde Mensch ist. Viel zu feig zum Sterben, ganz gleich aus welchem Grund.*

Sophie: *Muss man nicht jederzeit darauf vorbereitet sein, zu sterben und im nächsten Augenblick vor Gott zur Rechenschaft gezogen zu werden?*

Sind auch wir bereit, für unsere Überzeugungen aufzustehen, egal was es uns kostet?

Die Autorität im Namen Jesu

Einmal predigte ein Pastor über das Thema: „Welche Macht steht hinter dem Namen Jesu?“. Er bezog sich dabei auf Johannes 14, Vers 14, „Wenn ihr mich etwas bitten werdet in meinem Namen, so werde ich es tun.“ Unter den Zuhörern saß ein Jurist, der sich augenblicklich für die rechtliche Seite dieser Botschaft zu interessieren begann. Er unterbrach den Pastor mit der Frage: „Wollen Sie damit sagen, dass Jesus dem Menschen Vollmacht gegeben hat, in seinem Namen zu handeln?“

Der Pastor reagierte klug und gab die Frage mit den folgenden Worten zurück: „Sie sind der Jurist, ich bin Pastor. Lassen Sie mich nun eine Frage stellen: Gab Jesus uns seine Vollmacht, in seinem Namen zu handeln?“

Der Jurist antwortete: „Genau dies hat Jesus getan. Zu dem Schluss müssen wir kommen, wenn Gesprochenes überhaupt je gilt.“

Daraufhin sagte der Pastor: „Können Sie uns nun auch erklären, was diese Vollmacht praktisch bedeutet?“

Die Antwort des Juristen war und ist immer noch eine Revolution: „Das hängt davon ab, was dieser Name verbürgt, wie viel Autorität, wie viel Macht mit diesem Namen verbunden ist!“

Wie viel Macht und Autorität stehen hinter dem Namen Jesu? Es ist unendlich wichtig, das zu entdecken! Paulus schreibt an die Korinther: „Wir haben den Geist, der aus Gott ist, damit wir die Dinge kennen, die uns von Gott geschenkt sind.“ Das bedeutet aber auch, dass wir zunächst nicht wissen, was uns von Gott geschenkt ist. Die Bibel sagt uns, dass der Name Jesus über jedem Namen steht. Eine gewaltige Autorität steht hinter diesem Namen.

Es kann also sein, dass uns Gottes Kraft zur Verfügung steht, wir aber nichts davon wissen und weit hinter unseren Möglichkeiten zurückbleiben. In der Zeitung las ich von einer Frau, die symbolisch für viele Christen stehen kann. Sie lebte zeit ihres Lebens in sehr ärmlichen Verhältnissen. Nachdem sie gestorben war, wurde ihr Haus entrümpelt. Als man den Dachboden aufräumte, machte man einen interessanten Fund. In einer Ecke stand sehr lieblos eingepackt ein altes Bild. Aber es war nicht irgendein Bild, es war ein van Gogh! Sie hatte den Wert des Bildes nicht gekannt und lebte darum völlig verarmt. Während in der Speisekammer fast nichts zu essen war, barg der Dachboden ein Vermögen. Vielen von uns geht es sehr ähnlich. Da ist solch ein Reichtum von Gott vorhanden und sie wissen es nicht und leben geistlich in sehr armen Verhältnissen.

Stell dir vor, Bill Gates, der reichste Mann der Welt, würde am Sonntag in deiner Gemeinde sprechen. Zuerst erzählt er etwas zu seinen neuen Computerprogrammen, aber dann macht er eine verblüffende Ankündigung. Er möchte jeder anwesenden Person eine Million Euro schenken. Dir wird ganz heiß – eine Million Euro! Du denkst schon an einen roten Ferrari oder an Urlaub auf einer einsamen Insel. Dann sagt er, dass das natürlich nur ein Spaß gewesen sei. Wenn ich in deiner Gemeinde predigen würde, auf einmal einen totalen Blackout hätte und sagen würde, dass ich jedem Anwesenden eine Million

Euro schenken wolle, würdest zu Recht nicht an den Ferrari oder die Insel denken, du würdest wohl eher denken, dass der Typ da vorne nicht mehr alle Tassen im Schrank hat. Und du hättest Recht, da ich nicht mal eine einzige Million besitze. Zurück zu Bill Gates. Stell dir jetzt mal vor, er kündigte tatsächlich an, jedem in deiner Gemeinde eine Million Euro zu schenken. Was würde wohl geschehen? Natürlich würdet ihr euch ganz ordentlich in einer Reihe anstellen, um die Schecks entgegenzunehmen ... Nein, ich glaube eher, dass in eurer Gemeinde totales Chaos ausbrechen würde. Stühle würden durch die Luft fliegen. Natürlich ist das nur eine Geschichte, die sich nie ereignen wird. Aber ich will eins damit verdeutlichen: Ich könnte mir noch so sehr wünschen, viele Menschen glücklich zu machen und so viel Geld zu verschenken – ich hätte keine Autorität, solch einen Scheck zu unterschreiben. Wenn aber Bill Gates solch einen Scheck unterschreibt, steht hinter seiner Unterschrift ein Milliarden-Vermögen.

Was steht hinter dem Namen Jesu? Gott steht als Bürge hinter diesem Namen, seine Kraft und seine Herrlichkeit. Er, der den gesamten Kosmos entworfen und geschaffen hat – seine Kraft steht dahinter.

Paulus schreibt an die Gemeinde in Philippi: „Darum hat Gott ihn auch hoch erhoben und ihm den Namen verliehen, der über jeden Namen ist.“ In diesem Namen ist die höchste Autorität und Macht. Die letzten Worte Jesu waren: „Mir ist alle Macht gegeben im Himmel und auf Erden.“ Wenn wir eine tiefe Beziehung zu ihm haben, können wir in seinem Namen beten und Großes erwarten.

Als ich meine Frau heiratete, gehörte ihr in diesem Augenblick alles, was mir gehörte. Mein Auto, meine Scheckkarte und meine Probleme gehörten ihr. Sie konnte zur Bank gehen und mit ihrer Unterschrift (und meinem Namen) über mein ganzes Geld verfügen. Zugegeben, es war nicht sehr viel, aber sie hatte Autorität in meinem Namen.

Was für eine Revolution würde es auslösen, wenn wir verstehen würden, welche Autorität hinter dem Namen Jesu steht! Einer der Schlüssel, der uns Zugang zu einem Dienst wie in der Apostelgeschichte verschaffen wird, ist das Verständnis der Autorität, die in dem Namen Jesu ist. Durch seinen stellvertretenden Tod ist der Scheck für immer gedeckt, um Schuld zu vergeben und Krankheiten zu heilen.

Die Jünger wussten, welche Autorität im Namen Jesu ist. Da war der Fischer Petrus, der keine theologische Ausbildung hatte, der keine Universität besucht hatte, aber der etwas hatte, was wir heute mehr denn je brauchen: Er hatte Autorität im Namen Jesu.

> *Petrus aber sprach: Silber und Gold besitze ich nicht, was ich aber habe, das gebe ich dir: Im Namen Jesu Christi: Geh umher! Und er ergriff ihn bei der rechten Hand und richtete ihn auf. Sofort aber wurden seine Füße und seine Knöchel stark, er sprang auf, konnte stehen und ging umher. (Apg. 3,6)*

Es ist wieder die Apostelgeschichte, die uns als Vorbild dient. Petrus kannte die Autorität, die in dem Namen Jesu ist. Für uns ist der Name Jesu oft nur der Name des Sohnes Gottes. Ein Name wie „Herr Müller" oder „Frau Pumpelmus". Petrus wusste: In diesem Namen ist Autorität. Er wusste, wenn er in dem Namen Jesu der Krankheit gebietet, muss sie gehen. Er wusste auch: Wenn er in diesem Namen Dämonen befiehlt zu gehen, müssen auch diese verschwinden. Kaum war der Mann geheilt, lief das ganze Volk zusammen. Jetzt macht Petrus ganz deutlich, wie dieses Wunder geschehen ist:

> *Männer von Israel, was verwundert ihr euch hierüber, oder was seht ihr so gespannt auf uns, als hätten wir aus eigener Kraft oder*

Frömmigkeit bewirkt, dass er gehen kann? Der Gott Abrahams und Isaaks und Jakobs, der Gott unserer Väter, hat seinen Knecht Jesus verherrlicht. … Den Fürsten des Lebens aber habt ihr getötet, den Gott aus den Toten auferweckt hat, wovon wir Zeugen sind. Und durch den Glauben an seinen Namen hat sein Name diesen, den ihr seht und kennt, stark gemacht und der durch ihn bewirkte Glaube hat ihm diese vollkommene Gesundheit gegeben vor euch allen. (Apg. 3,12-18)

Die Apostel taten Zeichen und Wunder, weil sie in seinem Namen handelten. Petrus zeigt genau, wie der gelähmte Mann geheilt wurde: durch den Glauben an den Namen Jesu.

Das Handeln der Apostel war so vollmächtig, dass sie das Römische Reich erschüttert haben. Die Apostelgeschichte zeigt uns die ersten 33 Jahre, nachdem Jesus zum Himmel gefahren ist. Das Werk Jesu wurde in Kraft durch die Apostel weitergeführt, weil sie in seinem Namen handelten. Heute will Gott dich gebrauchen, in seiner Autorität zu handeln. Auch du kannst mit Vollmacht Gottes Wort verkündigen und die Kranken heilen. Gott will dir auch ein Bewusstsein geben, welch eine Autorität in seinem Namen ist.

Ich habe in meinem Dienst gesehen, was durch den Namen Jesu möglich ist. Das hat mein Leben verändert. Auf einem Open-Air-Gottesdienst in der Ukraine geschahen mit großer Leichtigkeit Heilungen, wie ich sie bisher noch nicht gesehen hatte. Krücken wurden weggeworfen, blinde Augen und taube Ohren aufgetan, Krebsgeschwüre verschwanden, Kranke empfingen Heilung – sogar über das Handy.

Als ich kurze Zeit später im texanischen Austin predigte, hatte ich während eines Gottesdienstes den Eindruck, dass jemand mit Problemen im Bein da sei. Noch bevor ich anfing zu predigen, teilte ich diesen Eindruck mit. Ein älterer Mann meldete sich. Ich betete nur kurz für ihn. Darauf rannte er los und verließ sogar den Gottesdienstraum. Ich war etwas verwundert. Am Ende des Gottesdienstes kam er wieder, um seine Geschichte zu erzählen. Er hatte nur noch humpeln können, da seine Kniescheiben total kaputt waren. Sein Arzt hatte ihm gesagt, dass es ein Wunder sei, dass er überhaupt noch etwas gehen konnte. Während meines Gebets wurde er augenblicklich geheilt und rannte voller Freude zu der Treppe, die ihm immer große Mühe bereitet hatte. Voller Begeisterung rannte er sie hinunter bis auf die Straße. Dort lud er gleich freudestrahlend einen Kranken mit den Worten ein: „Jesus hat mich gerade eben geheilt.“ Einige Wochen später, auf einer Evangelisation in Kenia, kam der junge Charles zur Bühne, um Gebet zu empfangen. Er war von Geburt an taubstumm. Ich legte ihm nur kurz die Hände auf, betete im Namen Jesu, und schon nach einiger Zeit konnte er zum ersten Mal in seinem Leben reden und hören.

Eine faszinierende Geschichte zum Thema „Vollmacht im Namen Jesu“ hörte ich in der Ukraine. Dort hatten wir vor zwei Jahren eine evangelistische Tour. Viele Zeichen und Wunder geschahen in der Zeit, nur am letzten Abend in Odessa passierte fast nichts. Frustriert fuhren wir an diesem Abend nach Hause. Wir beteten nur für eine Frau, die sehr auffällig war und in der sich Dämonen manifestierten. Das war es aber auch.

Als wir in diesem Jahr wieder in Odessa waren, um dort eine Evangelisation durchzuführen, kam genau diese Frau zu uns und erzählte uns ihre faszinierende Geschichte. Sie heißt Valentina Tokmakova. Schon als junge Frau wurde sie kriminell und heroinabhängig. Ihr erster Ehemann beging Selbstmord, ihr Leben wurde ein einziges Desaster.

Sie machte sich eines Mordes mitschuldig und kam für Jahre ins Gefängnis. Nach ihrer Entlassung wurde sie rückfällig, nahm wieder Drogen, beging Diebstähle und wurde dann erneut zu einer Gefängnisstrafe verurteilt. Im Gefängnis bekam sie die Diagnose Aids und Hepatitis C. Es ging ihr so schlecht, dass sie nur noch sterben wollte. In diesem Zustand kam sie in unseren Gottesdienst und erlebte totale Befreiung. Ihre Blutwerte wurden besser, heute ist sie von Aids und der Hepatitis geheilt und dient Gott mit großer Begeisterung.

Das ist nur ein kleiner Ausschnitt dessen, was in den letzten Jahren geschehen ist. In dem Namen Jesu ist eine Kraft und Autorität, die wir uns kaum vorstellen können.

Der Name Jesu ist der einzige Name, durch den Menschen dem heiligen Gott nahekommen können. Jeder, der den Namen des Herrn anruft, wird errettet werden (Röm. 10,13). Es ist der Name, der über allen Namen ist. In diesem Namen ist Heilung, Kraft und Vollmacht. Satan fürchtet nicht den Namen von Buddha, Konfuzius und anderen. Aber der Name Jesu hat Autorität über alle seine Macht. Sei dir bewusst, welche Autorität du hast, wenn du im Namen Jesu betest.

Zeichen und Wunder – alles ist möglich dem, der glaubt

Als ich zum Glauben an Jesus kam, war ich völlig fasziniert, dass Gott heute noch Wunder tut. In mir wuchs die Sehnsucht, Gottes Wirken zu erleben. Ich weiß noch wie heute, wie ich in einer U-Bahn saß und einige Reihen vor mir sich ein blinder Mann hinsetzte. Auf einmal dachte ich, wie es wäre, wenn ich hingehen und für ihn beten würde und er wieder sehen könnte. Aber mir fehlte total der Mut. Was wäre wohl geschehen, wenn ich es gewagt hätte?

In Indien hatte ich den Eindruck, noch vor der Predigt für Blinde zu beten. Als eine Reihe von blinden Menschen auf der Bühne stand, fragte ich mich, was ich da wieder angerichtet hatte … Ich betete im Namen Jesu, und da fing ein Mann an zu weinen. Sein völlig erblindetes Auge wurde augenblicklich aufgetan. Ein junger Mann aus unserem Team hatte ihn vorher gesehen. Das Auge war milchig und die Pupille war nicht zu erkennen gewesen. Jetzt konnte er wieder normal sehen. Davon hatte ich vor

Jahren geträumt. Auch deine Träume sollen in Erfüllung gehen. Du sollst Gottes Herrlichkeit in deinem Leben erleben.

Und die Herrlichkeit, die du mir gegeben hast, habe ich ihnen gegeben. (Jh. 17,22)

Welch eine Verheißung, Gottes Herrlichkeit in unserem Leben zu erleben!

Im Kapitel über die Autorität im Namen Jesu haben wir gesehen, welche Kraft und Vollmacht im Namen Jesu ist. Jesus hat jeden geheilt, der zu ihm kam, in den Evangelien finden wir nicht eine Geschichte, in der er den Kranken wegschickte. Nach seiner Entrückung heilten die Apostel in seinem Namen, genauso wie Jesus es zuvor getan hat. Die ganze Apostelgeschichte ist erfüllt von Wundern, und die haben bis heute nicht aufgehört. Auch heute geschehen überall auf der Welt Zeichen und Wunder, und auch wir sollen Gottes Herrlichkeit in unserem Leben sehen. Gib dich nicht mit weniger zufrieden.

Wir wollen uns einige wichtige Punkte zum Thema Heilung ansehen. Auch wenn ich heute viele dramatische Heilungen erleben darf, habe ich immer noch viele offene Fragen und manch eine davon wird wahrscheinlich erst in der Ewigkeit beantwortet. Oft verstehe ich nicht, warum der eine sofort geheilt wird und ein anderer gar nicht. Ich kenne keine wirklich befriedigenden Antworten darauf.

Anstatt auf alle Fragen eine Antwort zu finden, habe ich vielmehr erlebt, wie Gottes Kraft in meinem Leben zugenommen hat. Seit einigen Jahren erlebe ich Unglaubliches.

Während ich dieses Kapitel schreibe, geschehen auf einer Evangelisation im Sudan vor meinen Augen genau diese Dinge. Eine ganze Reihe völlig blinder, tauber und gelähmter Menschen wurde geheilt. Da war z. B. das junge Mädchen namens Junis. Über 10000 Menschen kamen an diesem Abend. Ich rief die Gelähmten nach vorne, und da stand sie und schaute mich etwas schüchtern an. Ich legte ihr kurz die Hände auf, sah dann ihren verkrüppelten Arm. Ihre ganze linke Hälfte war gelähmt. Sie tat mir echt leid, aber es waren noch viele andere wie die kleine Junis da, sodass ich weiterging, um noch für andere zu beten. Kurze Zeit später rief ich die Geheilten nach vorne, da stand Junis auf der Bühne. Völlig begeistert fing sie an, ihren Arm und ihr Bein zu bewegen und dann tanzten wir beide über die Bühne.

Ich bin absolut dafür, dass wir eine gesunde Theologie haben. Aber anstatt Haarspalterei zu betreiben, sollten wir uns lieber nach Gottes Kraft ausstrecken und mit seinem Eingreifen rechnen. Sagt uns Gottes Wort nicht, dass Gott alle Dinge möglich sind?

Die Schöpfung

Der Mensch ist das Meisterwerk des lebendigen Gottes. Alles war bei der Schöpfung perfekt, es gab weder Krankheit noch Tod im Garten Eden. Schauen wir uns dieses Meisterwerk doch mal im Detail an. So kommt man etwa beim Auge aus dem Staunen nicht heraus:

Bei jedem Blick wird das optische Bild auf 130 Millionen Sehzellen projiziert. In Zusammenarbeit mit unserem Nervensystem entsteht in unserem Gehirn eine hoch qualifizierte Abbildung des beobachteten Geschehens. In jeder Sekunde laufen dafür 10 Milliarden Rechenvorgänge ab – ähnlich wie in einem Computer. Unser Fenster zur Welt ist weniger als ein Zehntel Millimeter dünn und doch widerstandsfähiger als die Windschutzscheibe eines Überschalljets. In der Netzhaut liegen Millionen lichtempfindlicher Nervenzellen, deren Signale über den Sehnerv ins Gehirn strömen, wo das Bild vom Gesehenen entsteht.

Unser Gehirn ist komplexer als jeder Computer. Unzählige Botschaften erreichen es in jeder Sekunde. Zum Glück schützt uns das Gehirn auch vor nutzlosen Informationen. Um die gesamte Speicherkapazität des Gehirns auszunutzen, müssten wir jede Sekunde etwas Neues lernen, und das die nächsten 10 Milliarden Jahre lang.

Leonardo da Vinci erforschte die Einzigartigkeit des Menschen und sagte: *Ein Kunstwerk ist der Mensch, gebildet vom Meister des Höchsten.*

Unser Gehirn, unser Auge, das Kreislaufsystem oder das Ohr, alles hat Gott einzigartig designt. Der Mensch ist ein Wunderwerk der Schöpfung.

Sollte es dem, der das alles fantastisch geschaffen hat, nicht auch möglich sein, es wieder zu reparieren? Selbst der Erfinder einer Uhr oder eines Autos kann die Uhr oder das Auto wieder reparieren. Gott hat schon lange eingegriffen. Das Kreuz ist Gottes gewaltige Antwort auf unseren Zustand von Schuld und Krankheit.

Das Kreuz – die größte Kraftquelle für Heilung

Das Kreuz war der Wendepunkt in der Geschichte der Menschheit. Dieser Tag hat den Lauf dieser Welt verändert. Was genau ist am Kreuz geschehen und welche Möglichkeiten eröffnen sich dadurch heute für uns?

Schauen wir uns einmal kurz die Kreuzigung an, und damit verbunden die gewaltigen Möglichkeiten, die uns dadurch an Vergebung, Heilung und Befreiung offenstehen.

Jesus wurde mit einer ganz besonderen Peitsche ausgepeitscht. Widerhaken waren dort eingeflochten. Damit wurde seine Haut aufgerissen. Dann drückte man ihm eine Dornenkrone auf den Kopf. Er wurde verspottet, man spuckte ihn an und lachte ihn aus. Jesus nahm das alles geduldig auf sich. Blut lief über sein Gesicht und seinen ganzen Körper. Die Menge schrie: „Kreuzigt ihn, kreuzigt ihn!"

Bei seiner Verhaftung fragten ihn die Soldaten: „Bist du Jesus, der Nazarener?" Als Jesus dies bejahte – fielen die Soldaten zu Boden.

Welch eine Macht und Autorität hatte er! Er war der Sohn Gottes. Tote hat er auferweckt, Autorität über den Sturm gehabt, konnte er sich hier etwa nicht wehren?

> *Jedoch unsere Leiden – er hat sie getragen, und unsere Schmerzen – er hat sie auf sich geladen. Wir aber, wir hielten ihn für bestraft, von Gott geschlagen und niedergebeugt. Doch er war durchbohrt um unserer Vergehen willen, zerschlagen um unserer Sünden willen. Die Strafe lag auf ihm zu unserm Frieden, und durch seine Striemen ist uns Heilung geworden. Wir alle irrten umher wie Schafe, wir wandten uns jeder auf seinen eigenen Weg; aber der Herr ließ ihn treffen unser aller Schuld. Er wurde misshandelt, aber er beugte sich und tat seinen Mund nicht auf wie das Lamm, das zur Schlachtung geführt wird (Jes. 53).*

Jederzeit hätte Jesus die Vollmacht und Kraft gehabt, sich zu befreien, er war Gottes Sohn. Doch er ging wie ein Schaf zur Schlachtbank, um für unsere Schuld und unsere Krankheit zu sterben. Die Verbrecher versuchten zu entkommen. Jesus wehrte sich nicht – aus Liebe. Jesus hätte jederzeit vom Kreuz heruntersteigen können, aber es ging ihm nicht darum, *sich* zu retten – er gab sein Leben, um *uns* zu retten. Nachdem man ihn brutal gefoltert hatte, nahm man ihn und schlug ihn an ein Kreuz. Dort hing er zwischen Himmel und Erde und schrie: „Mein Gott, mein Gott, warum hast du mich verlassen?" Die Erde erbebte, es gab eine Sonnenfinsternis. Hier starb kein gewöhnlicher Mensch, hier starb der Sohn Gottes! Es war totenstill auf Golgatha, Entsetzen machte sich breit. Noch nie hatte die Erde etwas Derartiges erlebt. Hier nahm er deine Finsternis, deine Gottesferne auf sich, hier besiegte er alle Krankheiten. Dann rief er: „Es ist vollbracht!" Im selben Augenblick zerriss im Tempel der Vorhang zum Allerheiligsten – dort, wo Gottes Gegenwart war.

Jesus hat am Kreuz unsere Sünde und unsere Krankheit getragen. Außerdem hat er den größten Feind der Menschheit besiegt – den Tod. Sein Tod war, ist und bleibt der größte Sieg der Geschichte.

Das griechische Wort, das im Neuen Testament für „Rettung" steht, ist das Wort *soteria*. Dieses Wort bedeutet auch „Heilung". Paulus schreibt an die Römer: „Das Evangelium ist die Kraft Gottes zur Errettung." Das beinhaltet auch Heilung! Das Evangelium *ist* die Kraft Gottes, das bedeutet: jetzt, hier und heute. Die Botschaft, dass Gott unsere Schuld vergeben will und unsere Krankheit heilen will, ist nur für eine Zeitform gemeint – für die Gegenwart. Sonst hätte Paulus schreiben müssen: Das Evangelium *war* die Kraft Gottes. Das Wort *sozo* heißt „gesund machen", „unversehrt erhalten", „einen Kranken durchbringen". Der Kranke wird also errettet aus seiner Krankheit. „Er sandte sein Wort und heilte sie", sagt der Psalmist in Psalm 107.

Wenn es um das Thema Rettung geht, ist für die meisten Christen alles klar. Wir glauben, dass Jesus für unsere Schuld gestorben ist. Wenn wir unsere Schuld bekennen und umkehren, vergibt Gott uns unsere Schuld. Beim Thema Heilung ist es nicht ganz so klar. Hier fängt unser Verstand an zu arbeiten: Will Gott heilen, will er jetzt heilen, und will er auch mich heilen? Wir müssen uns aber sicher sein, dass Gott, so wie er Schuld vergibt, auch Krankheit heilen will. Dass ein Mensch mit seiner Schuld durch Jesus als eine neue Kreatur vor Gottes Thron treten darf, ist ein größeres Wunder als jede körperliche Heilung.

Wenn du nicht weißt, ob Gott heilen will, ist es wichtig, hier Klarheit zu haben. In Psalm 103 lesen wir: „Der dir vergibt alle deine Schuld." Aber der nächste Vers hat es dann in sich: „Der da heilt alle deine Krankheiten." Alle!

In Matthäus kommt ein Aussätziger zu Jesus. Ihm war auch nicht ganz klar, ob Jesus heilen wollte. Er fiel vor Jesus nieder und sagte: „Herr, wenn du willst, kannst du mich reinigen." Jesus streckte seine Hand aus, rührte ihn an und sprach: *„Ich will!* Sei rein.*"* Und sogleich wurde sein Aussatz gereinigt.

Im bekanntesten Gebet, dem Vaterunser, beten wir: „Dein Reich komme und dein Wille geschehe, wie im Himmel so auf Erden." Ist Krankheit Gottes Wille? Dann könnte es bedeuten, dass es auch im Himmel Krankheit gibt. Stell dir mal Folgendes vor: Heute gibt es im Himmel keine Anbetung. Der Engel Gabriel liegt mit einer Grippe im Bett. Undenkbar. Heilung ist der Wille Gottes, und er will uns gebrauchen, wie er die Apostel gebraucht hat, Kranke zu heilen. Das macht der große Missionsbefehl völlig klar:

> *Geht hin in die ganze Welt und predigt das Evangelium [...] Diese Zeichen aber werden denen folgen, die glauben: [...] Schwachen (Kranken) werden sie die Hände auflegen, und sie werden sich wohl befinden (Mk. 16).*

Kein Vater würde zu seinem Kind sagen, es solle mit seinem Roller zu Aldi fahren, um eine Palette Nutella zu kaufen. Eine Palette Nutella ist viel zu schwer für einen kleinen Jungen. Als Jesus zu seinen Jüngern sagte: „Heilt die Kranken", da hat er ihnen auch Kraft gegeben, diesen Auftrag auszuführen.

In den ersten 300 Jahren der christlichen Gemeinde war keiner autorisiert zu predigen, es sei denn, dass er die Gabe der Krankenheilung hatte. In unserem Land zählt heute der Titel, das Studium, damals zählte die Power. Paulus schreibt: „Denn unser Evangelium erging an euch nicht im Wort allein, sondern auch in Kraft und im Heiligen Geist und in großer Gewissheit.“ Petrus war so „kraftgeladen“ und autorisiert von Gott, dass sogar der Schatten genügte, um Kranke zu heilen. Ist unser Denken nicht viel zu klein? Wir dienen einem Gott, dem alle Dinge möglich sind. Auf einer Evangelisation in der Ukraine forderte ich die Zuhörer heraus, über Handy einen Kranken anzurufen. Dann beteten wir übers Handy. Im Anschluss hörten wir Zeugnisse, wie Gott Menschen übers Handy geheilt hat. Gott gebraucht ganz gewöhnliche Menschen für außergewöhnliche Dinge, damit er die Ehre bekommt. Evangelisieren ist nicht nur reden und predigen, sondern ein Verkündigen in Vollmacht und Kraft.

Wir werden uns jetzt zwei Voraussetzungen für ein göttliches Wunder ansehen:

Erste Voraussetzung für ein Wunder – Gottes Wort

Die Jünger saßen im Boot, als ein mächtiger Sturm aufzog. Die Jünger waren voller Panik, da kam Jesus ihnen auf dem Wasser entgegen. Sofort fragte Petrus: „Herr, wenn du es bist, dann sag mir, dass ich zu dir kommen soll.“ Die Antwort kam prompt: „Komm!“ Die Frage, die manch einen Theologen bewegt: *Worauf ist er gelaufen, als er aus dem Boot kletterte? Vielleicht ist er gesurft.* Wir sind doch rational erleuchtete Europäer. Aber begrenzt nicht unser wissenschaftlich geprägtes Denken unseren Glauben?

Worauf ist er gelaufen? Der gute Petrus war gar nicht so leicht, bevor er seinen Tauchgang machte. Jemand sagte, dass 98 % des Wunders in Gottes Wort begründet ist. Petrus lief auf dem Wort: *Komm* – er lief auf Gottes Wort! Wir beten nicht für Kranke, wenn wir ein besonderes Gefühl haben, sondern weil Gottes Wort es sagt. Auch wir sollen aufgrund des Wortes Gottes handeln. Jesus sprach das Wort, z. B.: „Blindes Auge, öffne dich, taubes Ohr, öffne dich." Er sagt auch uns, dass wir in Autorität sprechen sollen.

> *Wer zu dem Berg sagen wird: Hebe dich empor und wirf dich ins Meer, und nicht zweifeln wird in seinem Herzen, sondern glauben, dass geschieht, was er sagt, dem wird es werden (Mk. 11,23).*

Auf der Grundlage von Gottes Wort sollen auch wir in Autorität sprechen. Hier müssen wir grundsätzlich unser Denken ändern. Oft beten wir: Gott, wenn es dein Wille ist, dann heile jetzt Fritz Müller. Jesus aber hat nur zur Krankheit gesprochen und ihr befohlen zu gehen. Genauso sollen auch wir zu Problemen und zur Krankheit sprechen und ihr befehlen zu weichen.

Zweite Voraussetzung für ein Wunder – unser Glaube

Um elektrisches Licht einzuschalten, brauche ich nicht zehn Semester Physik studiert zu haben. Es bedarf nur einer minimalen Kraft, den Schalter umzulegen, und der Erkenntnis, dass die Elektrizität da ist. Die Kraft Gottes steht selbst dem einfachsten Menschen zur Verfügung. Vollmacht kommt nicht durch Studium, sondern durch die Verbindung zu Gott selbst.

> *Ohne Glaube ist es nicht möglich, Gott zu gefallen (Hebr. 11).*

Aber das gehörte Wort nützte jenen nicht, weil es bei denen, die es hörten, sich nicht mit dem Glauben verband (Hebr. 4,2).

Immer wieder sagte Jesus zu den Geheilten: „Dein Glaube hat dich geheilt.“ Glaube bedeutet, zu glauben, dass Gott das tun will, was er in seinem Wort verheißen hat. Wenn sich dein Glaube mit dem Wort Gottes verbindet, wirst du entsprechende Resultate sehen. Stell dir die Speisung der Fünftausend vor. Wann ist das Wunder geschehen? Die Jünger hatten nur wenig zu essen dabei. Jesus sagte zu ihnen: Gebt ihr ihnen zu essen. Ich glaube, das Essen multiplizierte sich, als sie gingen. Geh im Glauben auf Gottes Wort.

Als Jesus am Kreuz starb, nahm er unsere Schuld und Krankheit auf sich. Sein Befehl, die Kranken zu heilen, gilt auch noch heute. Gib dich nicht mit weniger zufrieden, bis deine Erfahrungen denen der Apostelgeschichte gleichen. Die Jünger heilten die Kranken und trieben Dämonen aus.

Jesus von Nazareth, wie Gott ihn mit Heiligem Geist und mit Kraft gesalbt hat, der umherging und wohltat und alle heilte, die von dem Teufel überwältigt waren; denn Gott war mit ihm (Apg. 10,38).

Gott heilte alle, die vom Teufel überwältigt waren. Er ist derselbe gestern, heute und in alle Ewigkeit. Er wird sich nicht ändern, denn er ist die Liebe in Person. Heute will er dich gebrauchen, um die Kranken zu heilen.

Just do it!

Dein verheißenes Land – nimm es ein!

Um zum Alptraum für den Teufel zu werden, musst du dein „verheißenes Land“ einnehmen. Gott hat alles vorbereitet. Der Heilige Geist ist ausgegossen, Gottes Kraft steht dir zur Verfügung und Gott hat die guten Werke vorbereitet. Jetzt liegt es an dir, Gottes Herrlichkeit in deinem Leben zu erleben.

1864 wurde zum ersten Mal eine Meile unter vier Minuten dreißig gelaufen. Erst 1945 wurde dieser Rekord unterboten. Günther Haigg lief die Meile in vier Minuten. Danach waren sich die Leute sicher, dass dieser Rekord nie wieder gebrochen werden könne. Sie glaubten, dass die menschlichen Lungen nicht dafür geschaffen seien. *Es geht nicht!* – das war die feste Überzeugung. Neun Jahre später unterbot Roger Beeres dann die vier Minuten. Was glaubst du, wie viele haben diesen Rekord in den nächsten zwei Jahren unterboten? Es ist fast unglaublich: 127 Läufer! Es war gar nicht so lange her, dass es als absolut unmöglich galt, und nun schafften es so viele. So viel hängt von deiner Einstellung ab, ob du im Maximum Gottes lebst, die Wunder Gottes in deinem Leben erlebst und ein Teil der „neuen Generation“ bist oder nur ein harmloses Leben als Christ führst.

Es gibt nur zwei Möglichkeiten für dein Leben – entweder bist du die Antwort oder das Problem. Es gibt Visionsträger, Bedenkenträger und Leichenträger. Visionsträger sind erfüllt vom Auftrag Gottes, sie geben sich trotz ihrer persönlichen Schwierigkeiten Gott hin und erleben dabei, wie das Unmögliche möglich wird. Bedenkenträger hingegen wissen, wie man alles besser machen könnte, kennen alle „Unmöglichkeiten" sowie alle Probleme, die auftauchen könnten – und bewegen deshalb rein gar nichts. Leichenträger sind aufgrund von Unvergebenheit, Motzeritis, Rebellion oder Stolz anstatt zur Lösung selbst zum Problem geworden. Petrus & Co. gehörten zu den Ersteren – und ihr Leben hat bis heute Auswirkungen.

> *Ich tue aber alles um des Evangeliums willen, um an ihm Anteil zu bekommen. Wisst ihr nicht, dass die, welche in der Rennbahn laufen, zwar alle laufen, aber einer den Preis empfängt? Lauft so, dass ihr ihn erlangt (1. Kor. 9,23-24)!*

Jeder von uns befindet sich in diesem „Rennen des Lebens". Wir können in diesem Rennen mittelmäßig teilnehmen oder sogar aufgeben. Da Gott aber das Beste für uns gegeben hat, Jesus, seinen Sohn, sollten wir nicht auch unser Bestes für Gott geben und alles dransetzen, den Sieg in unserem Leben zu erringen?

Von Josua wird gesagt, dass „ein anderer Geist" in ihm war. Ein Geist, der ihn befähigte, die neue Generation des Volkes Gottes in das verheißene Land zu führen. Er glaubte den Verheißungen Gottes und nahm das Land ein. Die neue Generation, die Gott heute zurüstet, hat auch einen neuen Geist. Wo andere nur die Schwierigkeiten sehen, wissen sie, dass bei Gott alle Dinge möglich sind, und nehmen auch das verheißene Land ein. Unter der Überschrift „Die neue Generation steht auf" habe ich einige von ihnen vorgestellt. Im 21. Kapitel des Josuabuchs finden wir ein Wort, das auch für diese „neue Generation" bestimmt ist.

> *So gab der Herr Israel das ganze Land, das er ihren Vätern zu geben geschworen hatte. Und sie nahmen es in Besitz und wohnten darin. Und der Herr verschaffte ihnen Ruhe ringsumher, ganz wie er es ihren Vätern geschworen hatte. Und keiner von allen ihren Feinden hielt vor ihnen stand; alle ihre Feinde gab der Herr in ihre Hand. Es fiel kein Wort dahin von all den guten Worten, die der Herr zum Haus Israel geredet hatte. Alles traf ein (Jos. 21,43-45).*

Wir sehen hier vier interessante Punkte, die auch wir erleben sollen:

- Gott will uns in das verheißene Land führen.
- Wir sollen das verheißene Land einnehmen.
- Wir sollen erleben, wie wir Autorität über den Feind haben.
- Die Verheißungen Gottes werden sich in unserem Leben erfüllen.

Gott gab ihnen das Land

Das Volk Israel hat zu keiner Zeit das gesamte Land besessen, das ihnen von Gott her zustand. Ist es bei uns Christen nicht oft ähnlich? In der Apostelgeschichte sehen wir, dass die Apostel gewaltige Kraft und Vollmacht hatten. Im Epheserbrief schreibt Paulus, dass Gott uns in Christus mit jeder Segnung der Himmelswelt gesegnet hat. Uns steht solch ein Reichtum in Christus zur Verfügung. Geben wir uns nicht oft mit viel zu wenig zufrieden? Du sollst das ganze Land einnehmen, das Gott für dein Leben vorbereitet hat. Du bist berufen, als sein Kind, aber auch als sein Botschafter in dieser Welt zu leben. Gott hat eine besondere Berufung für dein Leben, die nur du erfüllen kannst. Außerdem stehen dir alle Ressourcen Gottes an Kraft, Vollmacht, Liebe und Kühnheit durch den Geist Gottes zur Verfügung.

Sie nahmen das Land ein

Wir müssen das Land *einnehmen*! Es fällt nicht einfach vom Himmel. Wenn wir entschlossen sind, werden wir in die Dinge Gottes eindringen. Jesus sagte, dass Gewalttäter das Reich Gottes an sich reißen. Damit ist natürlich nicht gemeint, dass wir durch eine Prügelei zu Gott kommen, sondern vielmehr, dass diejenigen, die entschlossen sind, die Dinge Gottes in ihrem Leben auch erleben werden. Vor einigen Jahren war ein Mitarbeiter von *Jugend mit einer Mission* von der Not der Kinderprostitution in Asien tief berührt. In einer Großstadt sah er die vielen kleinen Kinder, die hier für billigen Sex angeboten wurden. Zuerst ekelte es ihn total. Dann fing er an zu beten. Jesus begegnete ihm in einer Vision. Er hörte, wie Jesus zu ihm sagte: „Du bist mein Mund, und deine Hände sind meine Hände." Er setzte sich für diese Not ein, und nach nur zwei Jahren gab es dort keinen Kinderstrich mehr, stattdessen aber zwei christliche Gemeinden. Es liegt an uns, das verheißene Land einzunehmen.

Der Feind ist besiegt

Wir haben einen Feind. Satan ist real, und er findet es nicht sonderlich lustig, wenn Christen anfangen, nach Gottes Wort zu leben und zu handeln. Solange er sie einschläfern kann und sie traditionell und religiös sind, stellen sie keine Gefahr dar. Gerade wir westlichen Christen sind oft nur an Gottes Segnungen interessiert, aber leider wenig entschlossen, ein entschiedenes, hingegebenes Leben zu führen, das Gott mit Kraft und Vollmacht segnet. Aber wenn du aufstehst und anfängst, Gottes Land für dich einzunehmen, habe ich eine gute Nachricht: Keine Waffe, die gegen dich geschmiedet ist, soll dich treffen. Kein Angriff, der gegen dich geplant ist, kann dir etwas anhaben. Auf einer Großevangelisation von Reinhard Bonnke wurde eine der mächtigsten Hexen aus Amerika eingeflogen, um ihn lahmzulegen. Sie stand in dem riesigen Publikum und wollte ihn verfluchen. Diese Frau hatte enorme Power. Reinhard fing an zu predigen und rief ganz laut „Halleluja". In diesem Augenblick fing die Frau an zu zittern und hörte nicht mehr auf, so dass man sie aus der Menge raustragen musste. Die neue Generation weiß, wer sie in Christus ist und welch eine Autorität sie hat.

Gottes Verheißungen treffen ein

Es gibt große Verheißungen für dein Leben und für unser Land. Diese erfüllen sich natürlich nicht automatisch. Wenn wir unseren Teil tun, wird Gott seinen Teil tun. Wir werden erleben, wie Gottes Verheißungen sich erfüllen.

Der amerikanische Prophet Bobby Connor hatte vor einiger Zeit folgendes Wort: Es kommt eine weltweite Jugenderweckung. Der Geist Gottes wird eine große Leidenschaft für die Gegenwart Gottes freisetzen. Die Jugendlichen werden erfüllt sein mit Vision für die Ernte. Sie werden nicht still sein können, sondern Jesus überall bekannt machen. Entschlossen werden sie die Wahrheit über die große Liebe Gottes zu einer verlorenen Welt tragen.

Immer wieder hat Gott Menschen gebraucht, sein Reich

mit Vollmacht zu bauen. Am 13. August 1727 erlebten die etwa 300 Personen der Herrnhuter Brüdergemeine unter der Leitung von Nikolaus Graf Zinzendorf eine mächtige Erweckung. Schon kurze Zeit später missionierten sie in Nordamerika, Südafrika, Grönland, Lappland und auf den westindischen Inseln. Dadurch kam auch John Wesley zum Glauben. Die darauf folgende Erweckung hat das Schicksal von England deutlich beeinflusst. Außerdem wurden viele Missionare aktiviert. William Booth wurde als Jugendlicher davon entzündet und gründete 1878 die Heilsarmee. Schon zwölf Jahre später gab es 2900 Zentren in 34 Ländern mit 10000 Offizieren. Über die Jahrhunderte hat Gott immer wieder eine „neue Generation" berufen und sie gebraucht, diese Welt mit dem Evangelium zu erreichen.

Werde ein Teil der „neuen Generation"!

Kontaktadresse:

no limit e.V.

Werner Nachtigal
Herwarthstr. 5, 12207 Berlin
Tel. 030/768 90 40
info@nolimit.eu
www.nolimit.eu